中华人民共和国行业标准

公路水泥混凝土路面
养护技术规范

Technical Specifications of Cement Concrete Pavement
Maintenance for Highway

JTJ 073.1—2001

主编单位：江苏省交通厅公路局
　　　　　水泥混凝土路面技术委员会
批准部门：中华人民共和国交通部
实施日期：2001 年 10 月 01 日

人民交通出版社股份有限公司

图书在版编目(CIP)数据

公路水泥混凝土路面养护技术规范 ：JTJ 073.1—2001 / 江苏省交通厅公路局，水泥混凝土路面技术委员会主编. — 北京 ：人民交通出版社股份有限公司，2017.2

ISBN 978-7-114-13658-0

Ⅰ.①公… Ⅱ.①江…②水… Ⅲ.①水泥混凝土路面—公路养护—技术规范—中国 Ⅳ.①U416.216.05-65

中国版本图书馆 CIP 数据核字(2017)第 023909 号

标准类型： 中华人民共和国行业标准
标准名称： 公路水泥混凝土路面养护技术规范
标准编号： JTJ 073.1—2001
主编单位： 江苏省交通厅公路局　水泥混凝土路面技术委员会
出版发行： 人民交通出版社股份有限公司
地　　址： (100011) 北京市朝阳区安定门外外馆斜街 3 号
网　　址： http://www.ccpcl.com.cn
销售电话： (010) 85285857
总 经 销： 人民交通出版社股份有限公司发行部
经　　销： 各地新华书店
印　　刷： 北京市密东印刷有限公司
开　　本： 880×1230　1/32
印　　张： 3.75
字　　数： 92 千
版　　次： 2017 年 2 月　第 1 版
印　　次： 2024 年 11 月　第 7 次印刷
书　　号： ISBN 978-7-114-13658-0
定　　价： 20.00 元

关于发布《公路水泥混凝土路面养护技术规范》(JTJ 073.1—2001)的通知

交公路发[2001]295号

各省、自治区、直辖市交通厅(局、委),各有关单位:

现发布《公路水泥混凝土路面养护技术规范》(JTJ 073.1—2001),作为行业标准,自2001年10月1日起施行。

该标准由江苏省交通厅公路局主编,并负责解释,人民交通出版社出版。请各单位在实践中注意积累资料,总结经验,及时将发现的问题和修改意见函告江苏省交通厅公路局,以便修订时参考。

中华人民共和国交通部

2001年6月7日

前　　言

近年来,我国公路水泥混凝土路面有了很大的发展,到2000年底,修建里程达115754km。随着水泥混凝土路面里程的迅速增加,水泥混凝土路面的养护技术水平得到进一步提高,在多年水泥混凝土路面养护过程中,积累了丰富的实践经验。通过国家科委科技工作引导项目(NO.25)《我国水泥混凝土路面发展对策及修筑技术》的研究,取得了一批新的科研成果,从而为《公路水泥混凝土路面养护技术规范》的制订提供了可靠的基础和科学依据。

为了适应水泥混凝土路面养护工作的需要,交通部以交公路发[1994]1265号文下达了编制《公路水泥混凝土路面养护技术规范》的任务,由江苏省交通厅公路局、水泥混凝土路面技术委员会主持编写。

编写组广泛搜集国内外有关资料,充分征求各有关部门意见,形成征求意见稿,并召开征求意见会,对征求意见稿进行修改后形成送审稿,部公路司组织召开了审查会,编写组按审查意见进一步修改后形成报批稿,部公路司组织对报批稿进行了最终审校。

《公路水泥混凝土路面养护技术规范》分为10章和2个附录。主要内容有:水泥混凝土路面养护内容与质量标准,水泥混凝土路面病害类型和分级,水泥混凝土路面状况调查和评定,水泥混凝土路面日常养护,水泥混凝土路面破损处理,水泥混凝土路面改善,水泥混凝土路面修复,预制块路面养护与维修,水泥混凝土路面修复材料,水泥混凝土路面养护维修机具等。

《公路水泥混凝土路面养护技术规范》及其条文说明,主要根据近10年来研究成果和多年实践经验,并参考国外有关资料编写的。我国幅员辽阔,地理气候条件相差较大,各地在具体运用规范时,应因地制宜,因时制宜,注意积累资料,不断总结经验。

对本规范及其条文说明的意见和在使用过程中出现的问题,请各单位函告江苏省交通厅公路局(地址:南京市石鼓路69号,邮政编码:210004),以便修订时参考。

主 编 单 位: 江苏省交通厅公路局
水泥混凝土路面技术委员会

参 加 单 位: 同济大学
四川省交通厅公路局
中交公路规划设计院
河南省新乡市公路管理局

主要起草人: 李 华 金志强 姚祖康 沈忠仁
陈惠民 缪昌文 祝心树

审 校: 杨屹东 傅智 潘玉利

目　　录

1 总　　则

1.0.1 为提高水泥混凝土路面养护水平,以保证路面使用质量,延长路面使用寿命,适应公路交通运输发展需要,结合水泥混凝土路面发展实际情况,本着科学、实用的原则特制定本规范。

1.0.2 本规范适用于公路水泥混凝土路面养护。

1.0.3 水泥混凝土路面养护基本要求:

1 水泥混凝土路面养护工作必须贯彻"预防为主、防治结合"的方针。根据路面实际情况和具体条件,以及水文、地质、气候、交通和公路等级等情况,采取预防性、经常性的保养和相应修补,对于较大范围路面修理,应安排大、中修或专项工程,使路面处于良好的技术状况。

2 水泥混凝土路面应以机械养护为主,并积极采用新技术、新材料、新工艺。

3 水泥混凝土路面养护必须贯彻安全生产的方针。其安全技术、劳动保护等必须符合有关规定。做到安全生产,文明施工,保护环境。

1.0.4 水泥混凝土路面养护,除按本规范的规定执行外,尚应符合国家和行业现行有关标准规范的规定。

2 术　语

2.0.1　普通水泥混凝土路面　plain concrete pavement

除接缝区和局部范围外均不配筋的水泥混凝土路面。

2.0.2　钢筋混凝土路面　reinforced concrete pavement

在混凝土板内配置纵、横向钢筋或钢筋网的水泥混凝土路面。

2.0.3　钢纤维混凝土路面　steel fiber reinforced concrete pavement

在混凝土中掺入钢纤维的混凝土路面。

2.0.4　连续配筋混凝土路面　Continuous reinforcied concrete pavement

沿纵向配置连续的钢筋,除了在与其它路面交接处或邻近构造物处设置胀缝以及视施工需要设置施工缝外,不设横向缩缝的水泥混凝土路面。

2.0.5　混凝土预制块路面　concrete block pavement

采用混凝土混合料挤压预制成各种形式混凝土块,铺砌而成的混凝土路面。

2.0.6　细集料混凝土　fine aggregate concrete

由最大粒径 10mm 的集料组成的拌和物。

2.0.7　拱起　blow – up

水泥混凝土路面在气温升高时,因胀缝不能充分发挥作用,造成板体向上隆起的现象。

2.0.8　胀起　blow ups

混凝土路面板在局部路段范围内的向上隆起现象。

2.0.9　沉陷　depression

由于路基的竖向变形而导致路面下沉的现象。

2.0.10　表面剥离　scaling

冰冻和其它侵蚀造成的路面浅层剥落。

2.0.11 网裂 map cracking

面板表层出现的纵横交错呈网状的裂纹。

2.0.12 塑性收缩裂缝 plastic shrinkage crack

面板横向或斜向的表层开裂,并且不延伸到路面板的边缘。

2.0.13 角隅断裂 corner break

从板角到斜向裂缝两端的距离小于边长一半,裂缝面竖直并贯穿整个板厚。

2.0.14 错台 faulting of slab ends

接缝或裂缝处相邻面板的垂直高差。

2.0.15 坑洞 pot hole

路面板粗集料脱落形成局部坑槽。

2.0.16 唧泥 pavement pumping

由于路面排水不良,引起基层材料产生液化,在行车的重复作用下,因板体上下运动而产生抽吸作用,使路面下稀释的泥浆或细料从接缝或裂缝处挤出的现象。

2.0.17 露骨 surface angularity

在行车作用下,路面被严重磨损而形成骨料裸露的现象。

2.0.18 水滑 hydroplaning

车辆高速行驶时,当路面有薄层积水,由于水膜作用而使车轮滑动,产生飘浮滑移失控的现象。

2.0.19 翻修 pavement recapping

对损坏的路面板块,经挖除,处理后重新浇筑的作业。

2.0.20 罩面 overlay of pavement

在原有路面上加铺一层水泥混凝土或沥青混凝土的面层,以恢复路面被磨耗及表层轻度破损的措施。

2.0.21 混凝土路面加铺层 concrete overlay

为提高原有路面的承载能力,在其上加铺的水泥或沥青混凝土层。

2.0.22 分离式加铺层 unbonded concrete overlay

在原有混凝土路面上铺沥青材料或其它材料的隔离层，其上再铺筑的新混凝土面层。

2.0.23 直接式加铺层 partially bonded concrete ovnerlay

在经过清理的原有混凝土路面上直接铺筑的新混凝土面层。

2.0.24 路面状况指数(PCI) pavement condition index

表征路面完好程度的指数。

2.0.25 小修保养 routine maintenance

对公路及其工程设施进行预防性保养和修复其轻微损坏部分，使之经常保持完好状态。

2.0.26 中修工程 intermediate maintenance

对公路及其工程设施的一般性磨损和局部损坏进行定期的修理加固，以恢复原状的小型工程项目。

2.0.27 大修工程 heavy maintenance

对公路及其工程设施的较大损坏进行长期性的综合修理，以全面恢复到原设计标准，或在原技术等级范围内进行局部改善和个别增建，以逐步提高公路通行能力的工程项目。

2.0.28 改建工程 road improvement

对公路及其工程设施因不适应交通量和载重需要提高技术等级，或通过改建显著提高其通行能力的较大工程项目。

2.0.29 专项工程 special project engineering

指申请专款用于遇到自然灾害，路面遭受严重损坏而进行的修复工程。

3 水泥混凝土路面养护内容与质量标准

3.1 养护内容

3.1.1 行车道与硬路肩上的泥土和杂物,应经常予以清扫。当设有中间带、变速车道、爬坡车道、应急停车带时,其上的泥土和杂物亦应清扫干净。

3.1.2 水泥混凝土路面各种接缝的填缝料出现缺损或溢出,应及时填补或清除,并应防止泥土、砂石及其他杂物挤压进入接缝内,影响混凝土路面板的正常伸缩。

3.1.3 路基路面(包括路肩、中央分隔带)排水设施,应经常检查和疏通,防止积水,以保护路面不受地面水和地下水的损害。

3.1.4 路面各种标线、导向箭头及文字标记,应及时清洗和恢复,经常保持各种标线、标记完整无缺,清晰醒目。辅助和加强标线作用的突起路标,应无损坏、松动或缺失,并保持其反射性能。

3.1.5 路肩外和中央分隔带内种植的乔木、绿篱和花草,应及时浇灌、剪修,以保持路容整齐、美观。如有空缺或老化,应适时补植或更新。对病虫害,应及时防治。对影响视距和路面稳定的绿化栽植,应予以处理。

3.1.6 对路面、路肩和路缘石等的局部损坏,应查清原因,采取合适的材料和相应的措施进行修复,以保持路面具备各级公路所要求的使用状态和服务水平。

3.1.7 对路面的较大损坏,应按本规范对路面检查评定结果确定的养护对策,安排大、中修或专项工程,进行维修和整治。局部路段路面损坏严重的,应予以翻修,以达到设计标准;整个路段路面平整度、抗滑能力不足的,可采取罩面,铺筑加铺层,以恢复其表面功能;整个路段路面接缝填缝料失效的,应予以全面更换。

3.1.8 对承载能力不足或不适应交通发展要求的路面,可根据不同情况进行加铺、加宽,以提高承载能力和通行能力。

3.2 养护质量标准

3.2.1 水泥混凝土路面的养护质量标准应符合表 3.2.1 的规定。

3.2.2 水泥混凝土路面在使用中,应对其使用质量进行检查。凡不符合养护质量标准的,应及时维修,或有计划地安排大、中修或专项工程,予以改善和提高。恢复和改善工程的质量标准,可参照《公路工程质量检验评定标准》(JTJ 071)执行。

水泥混凝土路面养护质量标准 表 3.2.1

项目		高速公路、一级公路	其他等级公路
平整度(mm)	平整度仪 σ	2.5	3.5
	三米直尺(h)	5	8
	国际平整度指数 IRI(m/km)	4.2	5.8
抗滑	构造深度 TD(mm)	0.4	0.3
	抗滑值 SRV(BPN)	45	35
	横向力系数 SFC	0.38	0.30
相邻板高差(mm)		3	5
接缝填缝料凹凸(mm)		3	5
路面状况指数(PCI)		≥70	≥55

3.3 养护材料要求

3.3.1 水泥混凝土路面养护维修的常规和专用材料,必须具有足够的强度、耐久性和稳定性,以承受车辆的作用和抵抗自然环境的影响。养护维修的各种材料均应进行必要的试验,不符合要求的,不得使用。

3.3.2 水泥混凝土路面养护维修的常规材料的技术要求应符合

《公路水泥混凝土路面设计规范》(JTJ 012)、公路水泥混凝土路面有关施工规范《公路沥青路面施工技术规范》(JTJ 032)的规定。

3.3.3 水泥混凝土路面养护维修所用的路面标线材料的技术要求应符合《道路交通标志和标线》(GB 5768)的规定;其他专用材料的技术要求应符合本规范附录 A"水泥混凝土路面修补材料"的规定。

3.4 养护机械配备

3.4.1 水泥混凝土路面的养护维修应根据需要与可能,参照本规范附录 B"水泥混凝土路面养护维修机具"要求配备一定数量的机械设备。

3.4.2 养护维修机械应配备专业人员,加强机械的保养和维修,以提高机械设备的完好率和利用率,降低养护费用。

4 水泥混凝土路面病害类型和分级

4.1 水泥混凝土面层断裂类病害

4.1.1 贯穿水泥混凝土面层的断裂裂缝，按裂缝出现的方位和板断裂的块数，分为下列4种病害。

1 平行或近于平行路面中心线的纵向裂缝。

2 垂直或斜向路面中心线的横向或斜向裂缝。

3 从板角隅到斜向裂缝两端的距离小于1.8m的角隅断裂。

4 两条以上裂缝交叉，使板断裂成3块以上的交叉裂缝和断裂板。

4.1.2 纵向、横向或斜向裂缝和角隅断裂病害，按裂缝缝隙边缘碎裂程度和缝隙宽度，可分为下列3个轻重程度。

1 轻微——缝隙边缘无碎裂或错台的细裂缝，缝隙宽度小于3mm；或者，填封良好、边缘无碎裂或错台的裂缝。

2 中等——缝隙边缘中等碎裂（或）错台小于10mm的裂缝，且缝隙宽度小于15mm。

3 严重——缝隙边缘严重碎裂或错台大于10mm，且缝隙宽度大于15mm。

4.1.3 交叉裂缝和断裂板病害，按裂缝等级和板断裂的块数可分为下列3个轻重程度等级。

1 轻微——板被轻微裂缝分割成2~3块。

2 中等——板被中等裂缝分割成3~4块，或被轻微裂缝分割成5块以上。

3 严重——板被严重裂缝分割成4~5块，或被中等裂缝分割成5块以上。

4.2 水泥混凝土面层竖向位移类病害

4.2.1 水泥混凝土面层的竖向位移,按产生原因的不同分为下列2种病害。

1 沉陷。

2 胀起。

4.2.2 沉陷和胀起病害,按其对行车的影响可分为下列3个轻重程度等级。

1 轻微——车辆以限速驶过时仅引起无不舒适感的轻微跳动。

2 中等——车辆驶过时有产生不舒适感的较大跳动。

3 严重——车辆驶过时产生过大的跳动,引起严重不舒适或不安全。

4.3 水泥混凝土面层接缝类病害

4.3.1 水泥混凝土路面板接缝处的损坏,按损坏的形态和影响范围可分为下列6种病害。

1 接缝填缝料损坏。

2 纵向接缝张开。

3 唧泥和板底脱空。

4 错台。

5 接缝碎裂。

6 拱起。

4.3.2 接缝填缝料损坏,按填缝料出现老化、挤出、缺损的情况,可分为3个轻重程度等级。

1 轻微——整个路段接缝填缝料情况良好,仅有少量接缝出现上述损坏。

2 中等——整个路段接缝填缝料情况尚可,1/3以下的接缝长度出现上述损坏,水和硬质材料易渗入或挤入。

3 严重——接缝填缝料情况很差,1/3以上的接缝长度出现上述损坏,水和硬质材料能自由渗入或挤入,填缝料需立即更换。

4.3.3 纵向接缝张开病害,按接缝的张开量可分为2个轻重程度等级。

1 轻微——接缝张开10mm以下。

2 严重——接缝张开10mm以上。

4.3.4 唧泥和板底脱空病害,可分为2个轻重等级。

1 轻微——车辆驶过时,有水从板缝或边缘外唧出,或者在板接(裂)缝或边缘的邻近表面残留有少量唧出材料的沉淀物;

2 严重——在板接(裂)缝或边缘的表面残留有大量唧出材料的沉淀物,车辆驶过时,板有明显的颤动和脱空感。

4.3.5 错台病害,按相邻板边缘的高差大小可分为3个轻重程度等级。

1 轻微——错台量小于5mm;

2 中等——错台量5~10mm;

3 严重——错台量大于10mm。

4.3.6 接缝碎裂病害,按碎裂范围和程度可分为3个轻重程度等级。

1 轻微——碎裂仅出现在接缝或裂缝两侧8cm范围内,尚未采取临时修补措施;

2 中等——碎裂范围大于8cm,部分碎块松动或散失,但不影响安全或危害轮胎;

3 严重——影响行车安全或危害轮胎。

4.3.7 拱起病害的轻重程度分级,与4.2.2条相同。

4.4 水泥混凝土面层表层类病害

4.4.1 水泥混凝土面层的表层损坏,可分为下列5种病害。

1 磨损和露骨。

2 纹裂、网裂和起皮。

3 活性集料反应引起的网裂。

4 粗集料冻融裂纹。

5 坑洞。

4.4.2 磨损和露骨病害,按磨损或露骨的深度分为 2 个轻重程度等级。

1 轻微——磨损、露骨深度小于等于 3mm。

2 严重——磨损、露骨深度大于 3mm。

4.4.3 纹裂、网裂和起皮病害,按是否出现起皮和起皮病害的面积,可分为 3 个轻重程度等级。

1 轻微——板的大部分面积出现纹裂或网裂,但表面状况良好,无起皮。

2 中等——板出现起皮,面积小于等于混凝土板面积的 10%。

3 严重——板出现起皮,面积大于混凝土板面积的 10%。

4.4.4 活性集料反应病害可分为 3 个轻重程度等级。

1 轻微——板出现网裂,面层可能变色,但未出现起皮和接缝碎裂。

2 中等——出现起皮和(或)接缝碎裂,沿裂缝和接缝有白色细屑。

3 严重——出现起皮和(或)接缝碎裂的范围发展到影响行车安全或危害轮胎,路表面有大量白色细屑。

4.4.5 集料冻融裂纹病害可分为 3 个轻重程度等级。

1 轻微——裂纹出现在缝或自由边附近 0.3m 范围内,缝未发生碎裂;

2 中等——裂纹出现在缝或自由边附近,范围大于 0.3m,受影响区内缝出现轻微或中等碎裂;

3 严重——裂纹影响区内裂缝出现严重碎裂,不少材料散失。

4.4.6 坑洞病害不分轻重程度等级。

4.4.7 修补损坏病害,按修补处再次出现的损坏情况,分为 3 个轻重程度等级。

1 轻微——轻微破损,或边缘处有轻微碎裂。

2 中等——轻微裂缝或车辙、推移,边缘处有中等碎裂和 10mm 以下错台。

3 严重——出现严重裂缝、车辙、推移或错台,需重新进行修补。

5　水泥混凝土路面状况调查和评定

5.1　路面状况调查

5.1.1　为了解路面现状，选择相应的养护措施，制定养护政策，规划养护工程项目，编制养护计划，进行路面改建设计都应进行路面状况调查和评定。

5.1.2　路面状况调查和评定包含7个方面：

1　路面破损状况；

2　结构承载能力；

3　行驶质量；

4　抗滑能力；

5　交通状况(车辆组成和轴载)；

6　路基和路面排水状况；

7　路面修建和养护历史。

按调查需求和路面状况的不同，分别选择不同的调查内容和调查深度或细度，采用不同的评定指标和标准。

5.1.3　路面破损状况以病害类型、轻重程度和出现的范围或密度三项属性表征。各种病害的定义和轻重程度分级，按第四章的规定确定。各种病害和轻重程度出现的范围或密度，以调查路段(或子路段)内出现该种病害和轻重程度等级的混凝土板块数占该路段(或子路段)板块总数的百分率计。同一块板内存在多种病害或轻重程度等级时，以最显著的种类或最重的程度计入系数。

调查工作采用目测和仪具量测方法，每年或每二年进行一次，视破损状况发展速度而定。为确定需采取养护措施的路段(地点),或为路面改建设计提供依据而进行的调查,应沿整个调查路段逐块板进行;而为了解和评定路面现状对使用要求的适应程度,以制定养护政策,分配养护资金,规划养护工程项目,编制养护计划进行的调查,可采用抽样调查方法,抽样规模为10%左右(每公里选取100m,或者每个子路段选取10%的子路段长度)。

5.1.4 考虑路面破损严重或者路面需承受比原设计标准轴载数大得多的车辆荷载而进行设计时,应进行现有路面的结构承载能力调查和测定。

调查测定采用无破损试验和破损试验二者结合的方式进行。无破损试验主要采用承载板、静态弯沉仪(长杆)或落锤弯沉仪等仪器,测定试验荷载作用下的路表挠度曲线,评定接缝传荷能力,判断板底脱空情况。破损试验为钻取各结构层的试样,量取其厚度,并在室内进行强度和模量的测定。

5.1.5 行驶质量调查可采用反应类仪器或断面类仪器进行路面平整度测定。不同类型仪器的测定结果,应按预先经过试验建立的关系曲线,统一换算成国际平整度指数(IRI)。

平整度测定沿调查路段的各个车道逐公里进行。在路面使用初期,进行一次全线平整度测定,而后视交通量大小于每隔2~4年进行一次测定,或者按情况需要对平整度差的路段进行测定。

5.1.6 抗滑能力调查包括路面表面摩阻系数和构造深度测定两项。摩阻系数可采用摆式仪测定路表面抗滑值(SRV)、或者采用偏转轮拖车测定侧向力系数(SF)、或者采用锁轮拖车测定滑移指数(SN)得到。路表面构造深度采用砂容量法测定。

在路面使用初期,对各路段进行一次全面测定。按路段内各个车道路表面的构造情况,分为若干个均匀段落,分别选择代表性测定地点。而后每隔2~4年进行一次测定,或者根据需要对抗滑性能差或行车安全有疑问的路段进行测定。

5.2 路面状况评定

5.2.1 采用路面状况指数(PCI)和断板率(DBL)两项指标评定路

面破损状况。

依据路段破损状况调查得到的病害类型、轻重程度和密度数据，按下列公式确定该路段的路面状况指数(PCI)，以100分制表示。

$$PCI = 100 - \sum_{i=1}^{n}\sum_{j=1}^{m_i} DP_{ij} W_{ij} \tag{5.2.1-1}$$

$$DP_{ij} = A_{ij} D_{ij} B_{ij} \tag{5.2.1-2}$$

$$W_{ij} = \begin{cases} 2.5R_{ij} & R_{ij} < 0.2 \\ 0.5 + 0.686(R_{ij} - 0.2) & 0.2 \leq R_{ij} < 0.55 \\ 0.74 + 0.28(R_{ij} - 0.55) & 0.55 \leq R_{ij} < 0.8 \\ 0.81 + 0.95(R_{ij} - 0.8) & R_{ij} \geq 0.8 \end{cases} \tag{5.2.1-3}$$

$$R_{ij} = \frac{DP_{ij}}{\sum_{i=1}^{n}\sum_{j=1}^{m_i} DP_{ij}} \tag{5.2.1-4}$$

式中：i 和 j——病害种类和轻重程度；

n——病害种类总数；

m_i——i 种病害的轻重程度等级数；

DP_{ij}——i 种病害和 j 种轻重程度的单项扣分值，它是破损密度 D_{ij} 的函数；

D_{ij}——i 种病害 j 种轻重程度的板块数占调查路段板块总数的比例；

A_{ij} 和 B_{ij}——系数，可参考表 5.2.1 确定；

W_{ij}——同时出现多种破损时，i 种病害和 j 种轻重程度扣分值的修正系数；

R_{ij}——各单项扣分值占总扣分值的比值。

单项扣分值 DP_{ij} 和修正系数 W_{ij}，应由有代表性的成员组成的评定小组通过实地评定试验后制定。

计算单项扣分值的系数 A_{ij} 和 B_{ij} 表 5.2.1

轻重程度 系数 病害类型	A_{ij}			B_{ij}		
	轻	中	重	轻	中	重
纵、横、斜向裂缝	30	65	93	0.55	0.52	0.54
角隅断裂	49	73	95	0.76	0.64	0.61
交叉裂缝、断裂板	70	88	103	0.60	0.50	0.42
沉陷、胀起	49	65	92	0.76	0.64	0.52
唧泥	25	–	65	0.90	–	0.80
错台	30	60	92	0.70	0.61	0.53
接缝碎裂	23	30	51	0.81	0.61	0.71
拱起	49	65	92	0.76	0.64	0.52
纵缝张开	30	–	70	0.90	–	0.70
填缝料损坏	10	35	60	0.95	0.90	0.80
纹裂或网裂和起皮	22	60	90	0.70	0.60	0.50
磨损和露骨	20	–	60	0.70	–	0.50
坑洞	–	30	–	–	0.60	–
活性集料反应	25	47	70	0.90	0.80	0.70
修补损坏	10	60	90	0.95	0.60	0.54

5.2.2 依据路段破损状况调查得到的断裂类病害的板块数，按断裂缝种类和严重程度的不同，采用不同的权系数进行修正后，由下式确定该路段的断板率(DBL)，以百分数表示。

$$DBL = \left(\sum_{i=1}^{n}\sum_{j=1}^{m_i} DB_{ij} W'_{ij}\right)/BS \qquad (5.2.2)$$

式中：DB_{ij}——i 种类裂缝病害 j 种轻重程度的板块数；

W'_{ij}——i 种裂缝病害 j 种轻重程度的修正权系数，按表 5.2.2确定；

BS——评定路段内的板块总数。

计算断板率的权系数 W'_{ij} 表 5.2.2

裂缝类型	交叉裂缝			角隅断裂			纵、横、斜向裂缝		
轻重程度	轻	中	重	轻	中	重	轻	中	重
权系数 W'_{ij}	0.60	1.00	1.50	0.20	0.70	1.00	0.20	0.60	1.00

5.2.3 路面破损状况分为五个等级，各个等级的路面状况指数和

断板率的评定标准如表 5.2.3 中所示。

路面破损状况等级评定标准　　表 5.2.3

评定等级	优	良	中	次	差
路面状况指数 PCI	≥85	84~70	69~55	54~40	<40
断板率 DBL(%)	≤1	2~5	6~10	11~20	>20

5.2.4 路面结构承载能力的评定,按《公路水泥混凝土路面设计规范》(JTJ 012)中规定的方法进行。

5.2.5 路面行驶质量采用行驶质量指数(RQI)进行评定,以 10 分制表示。行驶质量指数同路面平整度指数 IRI 之间的关系,应由有代表性的成员组成的评定小组通过实地评定试验建立。也可参照下列关系式确定行驶质量指数。

$$RQI = 10.5 - 0.75IRI \qquad (5.2.5)$$

行驶质量分为五个等级。各个等级的行驶质量标准,见表 5.2.5。

行驶质量等级评定标准　　表 5.2.5

评定等级	优	良	中	次	差
行驶质量指数 RQI	≥8.5	8.4~7.0	6.9~4.5	4.4~2.0	<2.0

5.2.6 路面表面抗滑能力采用侧向力系数 SFC 或抗滑值 SRV 以及构造深度两项指标评定。路面抗滑能力分为五个等级。各个等组的评定标准见表 5.2.6。

路面抗滑能力等级评定标准　　表 5.2.6

评价等级	优	良	中	次	差
构造深度(mm)	≥0.8	0.7~0.6	0.5~0.4	0.3~0.2	<0.2
抗滑值 SRV	≥65	64~55	54~45	44~35	<35
横向力系数 SFC	≥0.55	0.54~0.45	0.44~0.38	0.37~0.30	<0.30

5.3 养护对策

5.3.1 高速公路及一级公路的路面破损状况等级为优和良,或者二级及二级以下公路的路面破损状况等级为中及中以上时,可采用日常养护和局部或个别板块修补措施。各种病害的养护或修补措施,可参考表 5.3.1 中所列。

各种病害的养护或修补措施　　表 5.3.1

措施 病害	可暂不修	填封裂缝	填封接缝	部分深度修补	全深度修补	换板	沥青混合料修补	板底堵封	板顶研磨	刻槽	边缘排水
纵、横、斜裂缝和角隅断裂	*L*	*L*,*M*,*H*			*H*						
交叉裂缝和断裂板		*L*,*M*				*M*,*H*					
沉陷、胀起	*L*,*M*						*M*,*H*	*H*	*M*,*H*		
唧泥、错台	*L*		*L*,*M*					*H*	*H*		*M*,*H*
接缝碎裂	*L*			*M*,*H*	*H*		*M*,*H*				
拱起	*L*				*M*,*H*	*H*					
纵缝张开			*L*,*H*								
填缝料损坏	*L*		*M*,*H*								
纹裂或网裂和起皮	*L*,*M*			*M*,*H*			*M*,*H*				
磨损和露骨	磨损						露骨			磨光	
活性集料反应	*L*					*H*	*M*				
集料冻融裂纹	*L*			*M*,*H*	*H*						

注:表中 *L*、*M*、*H* 表示病害轻重程度等级:*L*—轻度;*M*—中等;*H*—严重。

5.3.2 高速公路及一级公路的路面破损状况等级为中及中以下,或者二级及二级以下公路的路面破损状况等级为次及次以下时,应采取全路段修复或改善措施,包括沥青混合料修补、板块破碎和碾压稳定、铺筑沥青混凝土或水泥混凝土加铺层以及修建纵向边缘排水设施等。

5.3.3 高速公路及一级公路的路面行驶质量等级为中及中以下,

或者二级及二级以下公路的行驶质量等级为次及次以下时,应采取刻槽、罩面或加铺层等措施改善路面的平整度。

5.3.4 高速公路及一级公路的路面抗滑能力等级为中及中以下,或者二级及二级以下公路的抗滑能力等级为次及次以下时,应采取刻槽、罩面等措施提高路表面的抗滑能力。

5.3.5 路面结构承载能力不满足现有交通的要求时,应采取铺筑沥青混凝土或水泥混凝土加铺层措施提高其承载能力。

6 水泥混凝土路面日常养护

6.1 一般规定

6.1.1 水泥混凝土路面日常养护应做好预防性、经常性养护，通过经常的巡视检查，及早发现缺陷，查清原因，采取适当措施，清除障碍物，保持路面状况良好。

6.1.2 水泥混凝土路面的养护质量应符合本规范表3.2.1的规定。

6.1.3 同一横断面上由水泥混凝土路面与其他类型路面组成时，水泥混凝土路面按本规范执行，其他路面按相应的规范要求执行。

6.1.4 水泥混凝土路面局部破损的维修方法按本规范第7章执行。

6.2 清扫保洁

6.2.1 水泥混凝土路面必须定期清扫泥土和污物；与其他不同类型路面平面连接处及平交道口应勤加清扫；路面上出现的小石块等坚硬物应予以清除；中央分隔带内的杂物应定期清除；保持路容整洁。

6.2.2 路面清扫频率应根据公路状况、交通量大小及其组成、环境条件等确定。路面清扫宜采用机械作业。机械清扫留下的死角，应用人工清除干净。

6.2.3 路面清扫时，应尽量减少清扫作业产生灰尘，以免污染环境，危及行车安全。清扫作业宜避开交通量高峰时段进行。

6.2.4 路面清扫后的垃圾应运至指定地点进行处理，不得随意倾倒。

6.2.5 当路面被油类物质或化学药品污染时，应清洗干净，必要时用中和剂或其他材料处理后再用水冲洗。

6.2.6 交通标志标牌、示警桩、轮廓标以及防撞栏等交通安全设施应定期擦拭，交通标志及标线受到污染后应及时清扫(洗)，保持整洁、醒目。

6.2.7 应保持交通标志标牌、标线、示警桩、轮廓标的完整，发生局部脱落、破损时应用原材料进行修复或更换。

6.3 接缝保养及填缝料更换

6.3.1 应对接缝进行适时的保养，保持接缝完好，表面平顺。

1 填缝料凸出板面，高速公路、一级公路超出 3mm，其他等级公路超过 5mm 时应铲平。

2 填缝料外溢流淌到接缝两侧面板，影响路面平整度和路容时应予清除。

3 杂物嵌入接缝时应予清除，若杂物系小石块及其他坚硬物时，应及时剔除。

6.3.2 应对填缝料进行周期性或日常性的更换。

1 填缝料的更换周期一般为 2～3 年。

2 填缝料局部脱落时应进行灌缝填补；填缝料脱落缺失大于三分之一缝长或填缝料老化、接缝渗水严重时应立即进行整条接缝的填缝料更换。

3 填缝料技术要求应符合本规范附录 A.2 的规定。

6.3.3 填缝料的更换应做到饱满、密实、粘接牢固。清缝、灌缝宜使用专用机具。

1 更换填缝料前应将原填缝料及掉入缝槽内的砂石杂物清除干净，并保持缝槽干燥，清洁。

2 填缝料灌注深度宜为 3～4cm。当缝深过大时，缝的下部可填 2.5～3.0cm 高的多孔柔性垫底材料或泡沫塑料支撑条(见图 6.3.3)。

3 填缝料的灌注高度夏天宜与面板平，冬天宜稍低于面板

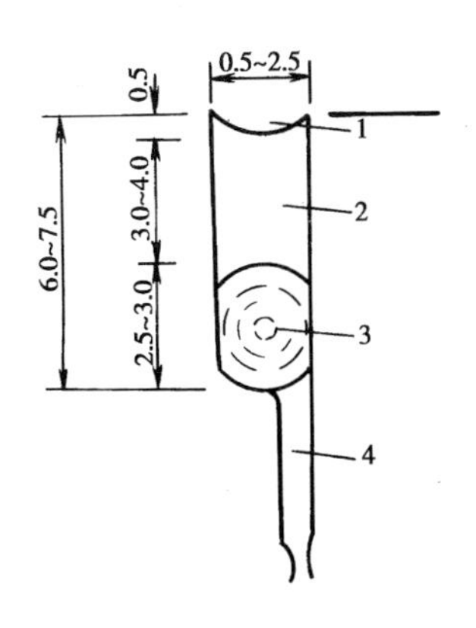

图 6.3.3　尺寸单位：cm

1-膨胀空间；2-填入接缝材料；

3-支撑条；4-导裂缝

2mm。多余的或溅到面板上的填缝料应予以清除。

4　填缝料更换宜选在春秋两季，或宜在当地年气温居中且较干燥的季节进行。

6.4　排水设施养护

6.4.1　必须对路面、路肩、中央分隔带、边沟、边坡、挡土墙以及所有排水构造物进行妥善的日常维护，保持系统的排水功能。当排水系统整体功能不能满足要求时，应通过改善或改建工程进行完善提高。

6.4.2　对路面排水设施，应采取经常性的巡查并与重点检查相结合，发现损坏应及时安排修复，发现堵塞必须立即疏通，路段积水应及时排出。

6.4.3　雨天应重点检查超高路段的中央分隔带纵向排水沟、横向排水管、雨水井、集水井等的排水状况，出现堵塞、积水应及时排出。

6.4.4　排水构造物及路肩修复宜采用与原构造物相同材料。

6.4.5　保持路面横坡及路面平整度。当快车道是水泥混凝土路面，慢车道或非机动车道是沥青路面时，应保持沥青路面横坡大于水泥混凝土路面横坡。

6.4.6 保持路肩横坡大于路面横坡，路肩横坡应顺适，并及时修复路肩缺口。

6.4.7 路面板裂缝应按本规定7.1要求进行缝隙封闭。

6.4.8 路面接缝、路肩接缝及路缘石与路面接缝出现接缝变宽渗水时应进行填缝处理。

6.4.9 定期修整路肩植物、清除路肩杂物，疏通路肩排水设施和中央分隔带排水设施，常年保持路面排水顺畅。

1 及时清除路肩堆积物、杂草、污物。

2 定期疏通路肩边沟、集水井、排水管、集水槽（由拦水带和路肩构成）、泄水口、急流槽等路肩排水设施。

3 定期疏通中央分隔带的进水口、纵向排水沟、雨水井、集水井、横向排水管、渗沟等，同时定期清除雨水井、集水井污物。

6.5 冬季养护

6.5.1 冰雪地区路段水泥混凝土路面冬季养护的重点是除雪、除冰、防滑；作业的重点是桥面、坡道、弯道、垭口及其他严重危害行车安全的路段。

6.5.2 除雪、除冰、防滑要根据气象资料、沿线条件、降雪量、积雪深度、危害交通范围等确定作业计划，并做好机驾人员培训、机械设备、作业工具、防冻防滑材料的准备。

6.5.3 除雪作业以清除新雪为主。化雪时应及时清除雪水和薄冰。除冰困难的路段应以防滑措施为主，除冰为辅。除冰作业应防止破坏路面。

6.5.4 路面防冻防滑的主要措施：

1 使用盐或其他融雪剂降低路面上的结冰点。

2 使用砂等防滑材料或与盐掺合使用，加大轮胎与路面间的摩擦系数。

3 防冻、防滑料施撒时间，主要根据气象条件（降雪、风速、气温）、路面状况等来确定。一般可在刚开始下雪时就撒布融雪剂或与防滑料掺合撒布，或者估计在路面出现冻结前 1～2h 撒布。

4 防止路面结冰时，通常撒布一次防冻料即可，除雪作业时，撒布次数可以和除雪作业频率一致。盐的撒布量见表 6.5.4。

盐的撒布量(每次)　　表 6.5.4

条件 / 路段	撒布前 4h 气温	
	0～－7℃	低于－7℃
一般路段(g/m^2)	5～15	15～30
严寒多雪路段(g/m^2)	30	30～50

注：其他融雪剂材料撒布量，应根据降低冰点的程度由试验确定。

6.5.5 在冻融前，应将积雪及时清除路肩之外，以免雪水渗入路肩。冰雪消融后，应清除路面上的残留物。

6.5.6 禁止将含盐的积雪堆积于绿化带。

7 水泥混凝土路面破损处理

7.1 裂缝维修

7.1.1 对宽度小于3mm的轻微裂缝,可采取扩缝灌浆。

1 顺着裂缝扩宽成1.5~2.0cm的沟槽,槽深可根据裂缝深度确定,最大深度不得超过2/3板厚。

2 清除混凝土碎屑,吹净灰尘后,填入粒径0.3~0.6cm的清洁石屑。

3 根据选用的灌缝材料,按附录A规定进行配比,混合均匀后,灌入扩缝内。

4 灌缝材料固化后,达到通车强度,即可开放交通。

7.1.2 对贯穿全厚的大于3mm小于15mm的中等裂缝,可采取条带罩面进行补缝。

1 在裂缝两侧切缝时,应平行于缩缝,且距裂缝距离不小于15cm,见图7.1.2a)。

2 凿除两横缝内混凝土的深度以7cm为宜。

3 每间隔50cm打一对钯钉孔,钯钉孔的大小应略大于钯钉直径2~4mm。并在二钯钉孔之间打一对与钯钉孔直径相一致的钯钉槽。

4 钯钉宜采用ϕ16螺纹钢筋,使用前应予以除锈。钯钉长度不小于20cm,弯钩长度为7cm。

5 钯钉孔必须填满砂浆,方可将钯钉插入孔内安装。

6 切割的缝内壁应凿毛,并清除松动的混凝土碎块及表面尘土、裸石。

7 浇筑混凝土应及时振捣密实、抹平,并喷洒养护剂。

8　修补块面板两侧，应加深缩缝，并灌注填缝料，见图7.1.2b)。

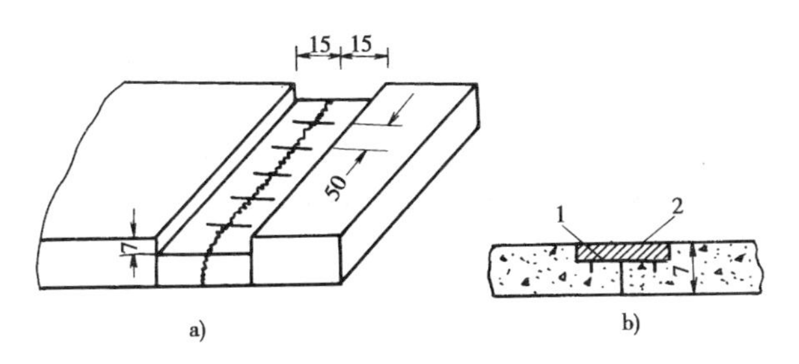

图7.1.2　条带补缝(单位：cm)

1-钯钉；2-新浇混凝土

7.1.3　对宽度大于15mm的严重裂缝可采用全深度补块。全深度补块分集料嵌锁法、刨挖法、设置传力杆法。

1　集料嵌锁法

1)在修补的混凝土路面位置上，平行于缩缝划线，沿划线位置进行全深度切割。在保留板块边部，沿内侧4cm位置，锯5cm深的缝，见图7.1.3-1。

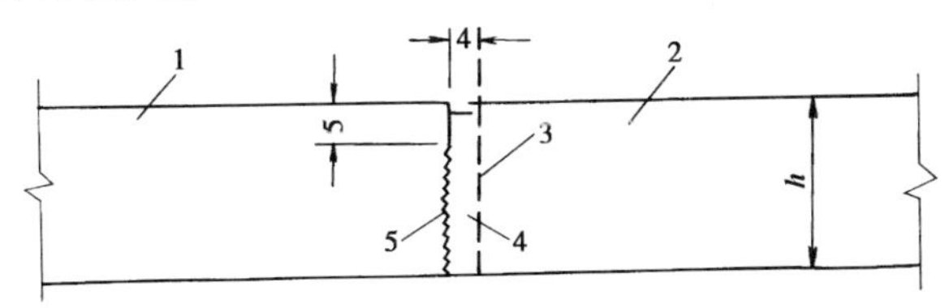

图7.1.3-1　集料嵌锁法(单位：cm)

1-保留板；2-全深度补块；3-全深度锯缝；4-凿除混凝土；5-缩缝交错接面

2)破碎、清除旧混凝土过程中不得伤及基层、相邻面板和路肩。若破除的旧混凝土面积当天完不成混凝土浇筑时，其补块位置应作临时补块。

3)全深锯口和半深锯口之间的4cm宽条混凝土垂直面应凿成毛面。

4)处理基层时，基层强度符合规范要求，应整平基层；基层强度低于规范要求，应予以补强，并严格整平；若基层全部损坏或松软,应按原设计基层材料重新作基层,其技术要求应符合现行《公路路面基层施工技术规范》(JTJ 034)的规定。

5)混凝土的配合比应根据设计弯拉强度、耐久性、耐磨性、和易性等要求,先用原材料进行配比设计,各种材料的物理性能及化学成分应符合现行《公路水泥混凝土路面设计规范》(JTJ 012)规定。

6)用水量应控制在混合料运到工地最佳和易性所需的最小值,最大水灰比为0.4。如采用JK系列混凝土快速修补材料,水灰比以0.30~0.40为宜,坍落度宜控制在2cm内。混凝土24h弯拉强度应不低于3.0MPa。

7)混凝土摊铺应在混凝土拌和后30~40min内卸到补块区内,并振捣密实。

8)浇筑的混凝土面层应与相邻路面的横断面吻合,其表面平整度应符合现行《公路工程质量检验评定标准》(JTJ 071)规定,补块的表面纹理应与原路面吻合。

9)补块养生宜采用养护剂,其用量根据养护材料性能确定。

10)做接缝时,将板中间的各缩缝锯切到1/4板厚处,将接缝材料填入缩缝内。

11)混凝土达到通车强度后,即可开放交通。

2 刨挖法亦称倒T形法,见图7.1.3-2。

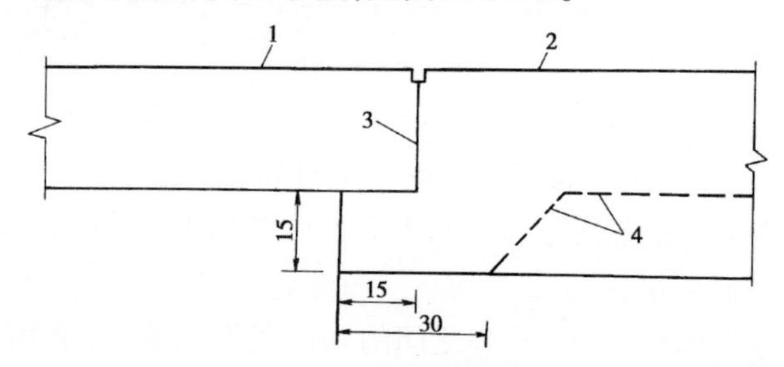

图7.1.3-2 刨挖法(单位:cm)

1-保留板;2-补块;3-全深度锯缝;4-垫层开挖线

1)施工要求按本规范7.1.3条第一款执行。

2)在相邻板块横边的下方暗挖15cm×15cm的一块面积用于荷载传递。

3　设置传力杆法

1)设置传力杆方法,见图7.1.3-3。施工要求按本规范7.1.3第1款执行。

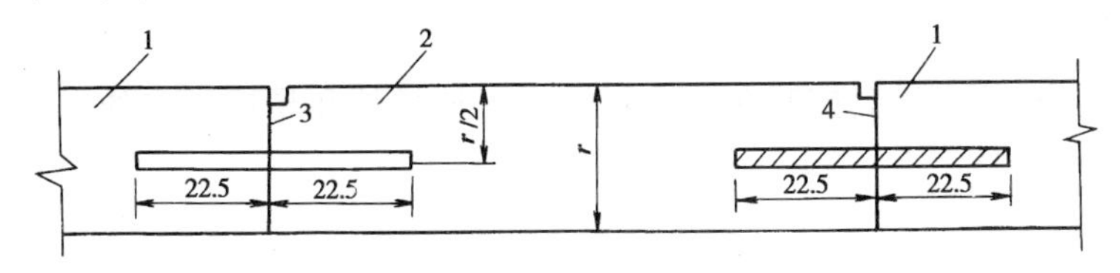

图7.1.3-3　设置传力杆法(单位:cm)

1-保留板;2-全深度补块;3-缩缝;4-施工缝

2)处理基层后,应修复、安设传力杆和拉杆。

3)原混凝土面板没有传力杆或拉杆折断时,应用与原规格相同的钢筋焊接或重新安设。安装时应在板厚1/2处钻出比传力杆直径大约2~4mm的孔,孔中心距30cm,其误差不应超过3mm。

4)横向施工缝传力杆直径为ϕ25mm,长度为45cm,嵌入相邻保留板内深22.5cm。

5)拉杆孔直径宜比拉杆直径大2~4mm,并应沿相邻板块间的纵向接缝板厚1/2处钻孔,中心距80cm。拉杆采用ϕ16螺纹钢筋,长80cm,40cm嵌入相邻车道的板内。

6)传力杆和拉杆宜用环氧砂浆牢牢地固定在规定位置,摊铺混凝土前,光圆传力杆的伸出端应涂少许润滑油。

7)新补板块与沥青路肩相接时,应和现有路肩齐平。

8)传力杆若安装倾斜或松动失效,应予以更换。

7.2　板边、板角修补

7.2.1　板边修补基本要求:

1　当对水泥混凝土面板边轻度剥落进行修补时,应将剥落的表面清理干净,用沥青混合料或接缝材料修补平整。

2　当板边严重剥落时,其修补方法参照本规范7.1.2条进行。

3 当板边全深度破碎,其修补方法参照本规范 7.1.3 条进行。

7.2.2 板角修补基本要求

1 板角断裂应按破裂面的大小确定切割范围,见图 7.2.2。

2 切缝后,凿除破损部分时,应凿成规则的垂直面。对原有钢筋不应切断,如果钢筋难以全部保留,至少也要保留 20 ~ 30cm 长的钢筋头,且应长短交错。

3 原有滑动传力杆,如果有缺陷应予以更换并在新老混凝土之间加设传力杆,传力杆间距控制在 30cm。

4 基层不良时,可采用 C15 号混凝土浇筑基层。

5 与原有路面板的接缝面,应涂刷沥青。如为胀缝,应设置接缝板。

6 现浇混凝土,与老混凝土面板之间的接缝应切出宽 3mm 深 4mm 的接缝槽,并灌入填缝材料。

7 待混凝土达到强度后,方可开放交通。

7.3 板块脱空处治

7.3.1 水泥混凝土面板脱空位置的确定可采用弯沉测定法。

1 须用 5.4m 长杆弯沉仪,及相当于 BZZ - 100 重型标准汽车。

2 弯沉仪的测点与支座不应放在相邻两块板上,待弯沉车驶离测试板块,方可读取百分表值。

3 凡弯沉超过 0.2mm 的,应确定为面板脱空。

7.3.2 灌浆孔布设基本要求见图 7.3.2。

1 灌浆孔布设应根据路面板的尺寸、下沉量大小、裂缝状况以及灌浆机械确定。

2 用凿岩机在路面上打孔,孔的大小应和灌注嘴的大小一致,一般为 50mm 左右。

3 灌浆孔与面板边的距离不应小于 0.5m。在一块板上,灌浆孔的数量一般为 5 个,也可根据情况确定。

7.3.3 水泥混凝土路面板和基层之间由于出现空隙而导致路面

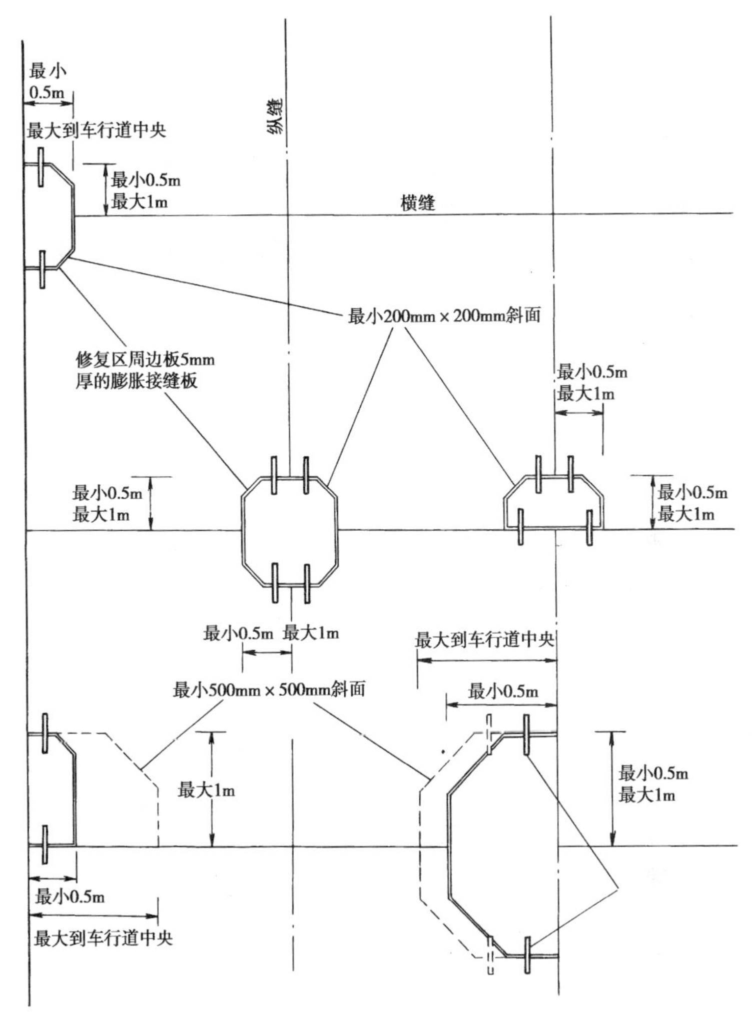

图 7.2.2 板角修补法

注:修复纵向边不能位于车轮轨迹上

沉陷的,可采用沥青灌注、水泥浆、水泥粉煤灰浆和水泥砂浆灌浆等方法进行板下封堵。

1 沥青灌注方法

1)灌浆孔的布置参照本规范 7.3.2 条进行。

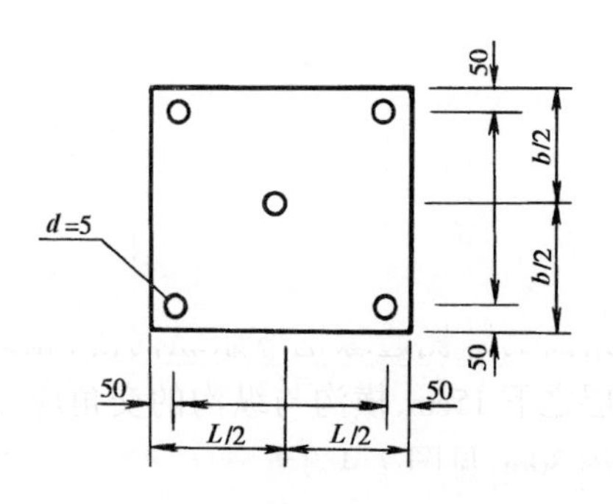

图 7.3.2　灌浆孔布置(单位:cm)
d-灌浆孔孔直径;L-板长;b-板宽

2)灌浆孔钻好后,应采用压缩空气将孔中的混凝土碎屑、杂物清除干净,并保持干燥。

3)宜采用建筑沥青,沥青加热熔化温度一般为180℃。

4)沥青洒布车或专用设备的压力为200~400kPa。灌注沥青压满后约0.5min,应拔出喷嘴,用木楔堵塞。

5)沥青温度下降后,应拔出木楔,填进水泥砂浆,即可开放交通。

2　水泥灌浆法

1)灌浆孔的布设与沥青灌注法相同。

2)灌注机械可用压力灌浆机或压力泵,灌注压力为1.5~2.0MPa。

3)灌浆作业应先从沉陷量大的地方的灌浆孔开始,逐步由大到小。当相邻孔或接缝中冒浆,可停止泵送水泥浆,每灌完一孔应用木楔堵孔。

4)待砂浆抗压强度达到3MPa时,用水泥砂浆堵孔,即可开放交通。

7.4　唧泥处理

7.4.1　水泥混凝土路面唧泥病害,应采取压浆处理,其要求应按本规范7.3.3条执行。

7.4.2　水泥混凝土面板进行压浆处理后,应对接缝及时灌缝,其要求应按本规范 7.9.1 条执行。

7.4.3 设置排水设施基本要求：

1 路面和路肩应保持设计横坡，宜铺设硬路肩。

2 路面裂缝、接缝以及路面与硬路肩接缝应进行密封。

3 设置纵向积水管和横向出水管。

1)在水泥路面的外侧边缘挖一条纵向沟，宽约 15 ~ 25cm，沟深挖至集料基层之下 15cm，横沟与纵沟的交角应在 45 ~ 90°之间，横沟间的距离约 30m，见图 7.4.3-1。

2)积水管一般采用 ϕ7.5cm 多孔塑料管，出水管为无孔塑料管。

3)设置纵向和横向水管，并按设计的距离将积水管和出水管连接起来。

4)纵向多孔管应包一层渗透性较强的土工织物。

5)积水管和出水管放入沟槽时，其底部应平顺，横向出水管的坡度应大于或等于纵向排水坡度，出水管的管端应延伸到排水沟内，并设端墙。

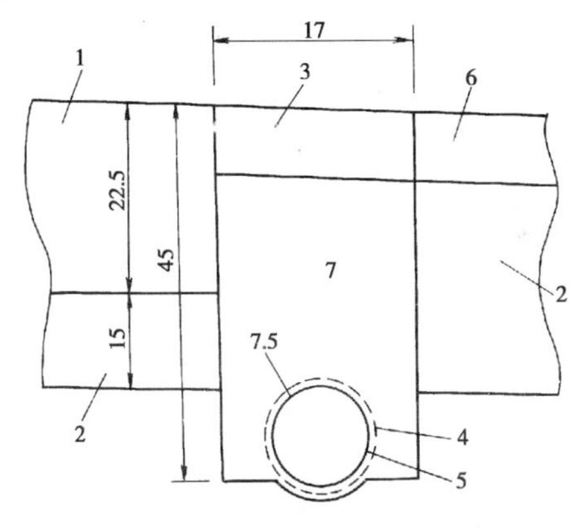

图 7.4.3-1 边部排水管布置图(单位:cm)

1-水泥混凝土;2-集料基层;3-沥青混凝土;4-渗滤织物;5-多孔管;6-沥青混凝土路肩;7-细渗滤集料

6)管的外围应填放粗砂等渗滤集料，并振动压实。

7)回填沟槽时,应采用与原路肩相同的材料恢复原状。

4　盲沟设置基本要求

1)在沿水泥路面外侧挖纵向沟时,沟底应低于面板以下10cm,在水泥混凝土路面接缝处挖横向沟,见图7.4.3-2。

2)沟槽底面及外侧铺油毡隔离层,沿水泥路面交界处及盲沟顶部铺设土工布过滤层。

3)盲沟内宜填筑碎(砾)石过滤材料。

4)盲沟上应用相同材料恢复路面(路肩)。

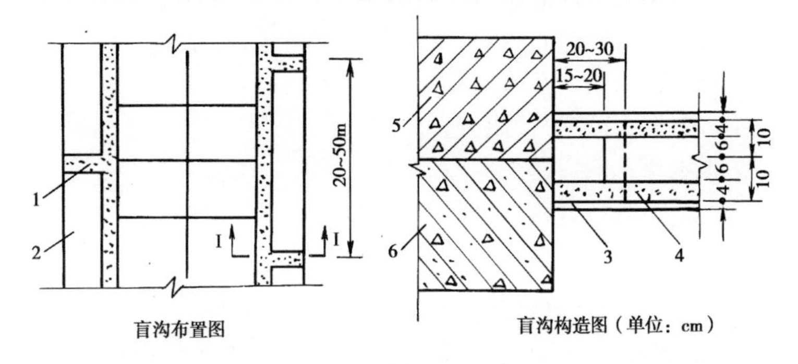

图7.4.3-2

1-盲沟;2-路肩;3-油毡隔离层;4-石屑及中粗砂;5-面层;6-基层

7.5 错台处治

7.5.1 错台的处治方法有磨平法和填补法两种,可按错台的轻重程度选定。

7.5.2 高差小于等于10mm的错台,可采用磨平机磨平,或人工凿平。

1　应从错台最高点开始向四周扩展,边磨边用三米直尺找平,直至相邻两块板齐平为止,见图7.5.2。

2　磨平后,接缝内应将杂物清除干净,并吹净灰尘,及时将嵌缝料填入。

7.5.3 高差大于10mm的严重错台,可采取沥青砂或水泥混凝土进行处治。

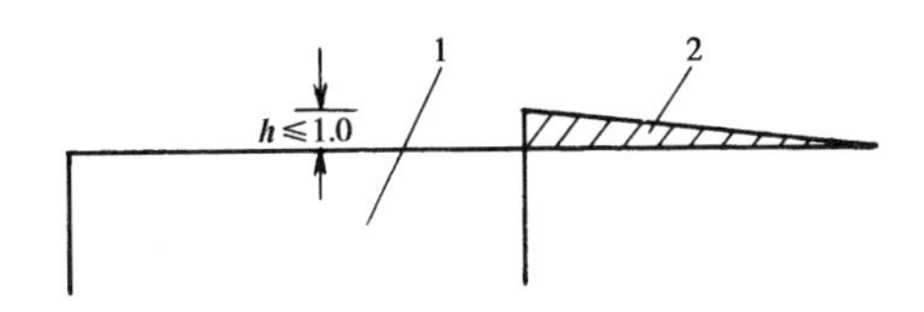

图 7.5.2 错台磨平法示意图(单位:cm)

1-下沉板;2-磨平

1 沥青砂填补基本要求

1)在沥青砂填补前应清除路面杂物和灰尘,并喷洒一层热沥青或乳化沥青,沥青用量为 0.40 ~ 0.60kg/m^2。

2)修补面纵坡变化应控制在 $i \leqslant 1\%$。

3)沥青砂填补后,宜用轮胎压路机碾压。

4)初期应控制车辆慢速通过。

2 水泥混凝土修补基本要求

1)应将错台下沉板凿除 2 ~ 3cm 深,修补长度按错台高度除以坡度(1%)计算,见图 7.5.3。

2)凿除面应清除杂物灰尘。

3)浇筑聚合物细石混凝土,材料配比参照附录 A。

4)混凝土达到通车强度后,即可开放交通。

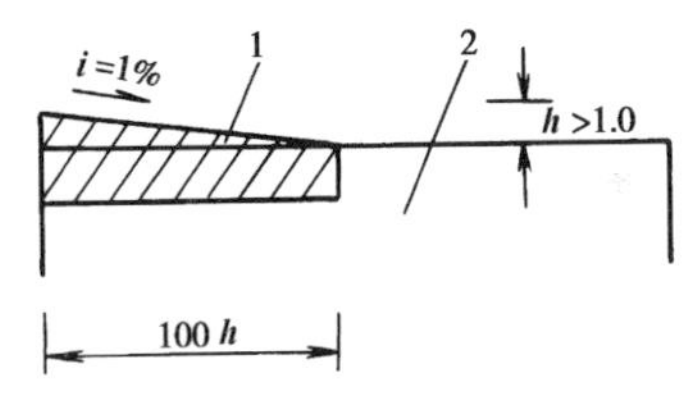

图 7.5.3 错台填补法示意图(单位:cm)

1-凿除修补;2-下沉板

7.6 沉陷处理

7.6.1 沉陷处理应设置排水设施,其方法应按本规范 7.4.3 条实施。

7.6.2 面板顶升基本要求:

1　面板在顶升前，应用水准仪测量下沉板的下沉量，测站距下沉处应大于50m，并绘出纵断面，求出升起值。

2　在混凝土面板上钻孔，孔深应略大于板厚2cm。

3　板块顶升宜采用起重设备或千斤顶。

4　灌注材料可采用水泥砂浆。

5　灌注材料压入后，每灌一孔应用木楔堵塞，压浆全部完毕，应拔出木楔，宜用高强水泥砂浆堵孔。

6　压浆材料的抗压强度达到6MPa时，方可开放交通。

7.6.3　当水泥混凝土整板沉陷并产生破碎时，应整板翻修，按本规范第9章执行。

7.7　拱起处理

7.7.1　拱起处理应根据具体情况，采取不同的方法进行处治。

1　板端拱起但路面完好时，应根据板块拱起高低程度，计算要切除部分板块的长度。先将拱起板块两侧附近1～2条横缝切宽，待应力充分释放后切除拱起端，逐渐将板块恢复原位，在缝隙和其他接缝内应清缝，并灌接缝材料，见图7.7.1。

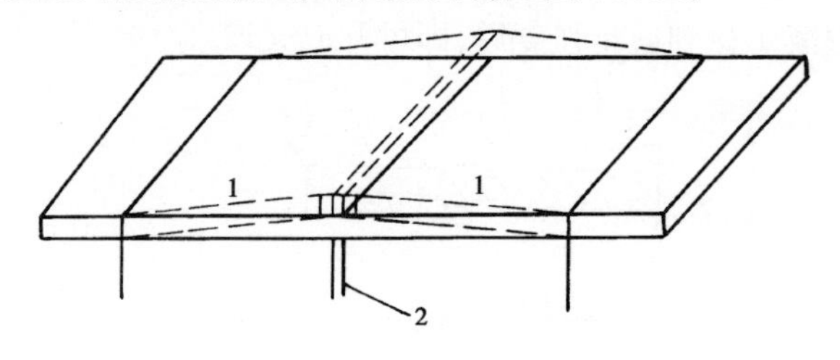

图7.7.1　板体拱起修复

1-拱起板；2-切除部分

2　拱起板端发生断裂或破损时，按本规范7.1.3条处理。

3　拱起板两端间因硬物夹入发生拱起，应将硬物清除干净，使板块恢复原位，应清理接缝内杂物和灰尘，灌填缝料。

4　胀缝间因传力杆部分或全部在施工时设置不当，使板受热时不能自由伸长而发生拱起，应重新设置胀缝。按水泥混凝土路面有关施工规范执行，使面板恢复原状。

5 混凝土路面板的胀起与拱起的处理方法一致。

7.8 坑洞修补

7.8.1 坑洞修补应根据不同情况采取相应措施进行。

1 对个别的坑洞，应清除洞内杂物，用水泥砂浆等材料填充，达到平整密实。

2 对较多坑洞且连成一片的，应采取薄层修补方法进行修补。

1)切割面积的图形边线，应与路中心线平行或垂直。

2)切割的深度，应在6cm以上，并将切割面内的光滑面凿毛。

3)应清除槽内的混凝土碎屑。

4)混凝土拌和物填入槽内，振捣密实，并保持与原混凝土面板齐平。

5)宜喷洒养护剂养生。

6)待混凝土达到通车强度后，方可开放交通。

3 低等级公路对面积较大，深度在3cm以内，成片的坑洞，可用沥青混凝土进行修补。

1)用风镐凿除一个处治区，其图形边线应与路中心线平行或垂直。

2)凿除深度以2～3cm为宜，并清除混凝土碎屑。

3)铺筑沥青混凝土前，应将凿除的槽底面和槽壁洒粘层沥青，其用量为0.4～0.6kg/m^2。

4)沥青混凝土应碾压密实平整。

5)待沥青混凝土冷却后，控制车速通车。

7.9 接缝维修

7.9.1 接缝填缝料损坏维修，应符合下列规定：

1 接缝中的旧填缝料和杂物，应予清除，并将缝内灰尘吹净。

2 在胀缝修理时，应先将热沥青涂刷缝壁，再将接缝板压入缝内。对接缝板接头及接缝板与传力杆之间的间隙，必须用沥青或其他填缝料填实抹平。上部用嵌缝条的应及时嵌入嵌缝条。

3 用加热式填缝料修补时,必须将填缝料加热至灌入温度。宜用嵌缝机填灌,填缝料应与缝壁粘结良好和填灌饱满。在气温较低季节施工时,应先用喷灯将接缝预热。

4 用常温式填缝料修补时,除无须加热外其施工方法与加热式填缝料相同。

5 填缝料的技术要求与施工质量验收标准,应符合本规范附录 A.2 和水泥混凝土路面有关施工规范的规定:

7.9.2 纵向接缝张开维修,应符合下列规定。

1 当相邻车道面板横向位移,纵向接缝张开宽度在 10mm 以下时,宜采取聚氯乙烯胶泥、焦油类填缝料和橡胶沥青等加热施工式填缝料,其方法参照本章 7.9.1 条执行。

2 当相邻车道板横向位移,纵向接缝张口宽度在 10mm 以上时,宜采取聚氨酯类常温施工式填缝料进行维修。

1)维修前应清除缝内杂物和灰尘。

2)应按材料配比配制填缝料。

3)宜采用挤压枪注入填缝料。

4)填缝料固化后,方可开放交通。

3 当纵向接缝张口宽度在 15mm 以上时,采用沥青砂填缝。

7.9.3 接缝出现碎裂时,接缝维修应符合下列规定:

1 在破碎部位外缘,应切割成规则图形,其周围切割面应垂直于面板,底面宜为平面。

2 应清除混凝土碎块,吹净灰尘杂物,并保持干燥状态。

3 宜用高模量补强材料,进行填充维修,其材料技术性能应符合本规范附录 A.1.2 中规定。

4 修补材料达到通车强度后,方可开放交通。

7.10 表面起皮(剥落、露骨)处治

7.10.1 表面起皮(剥落、露骨)处治,应根据公路等级和表面破损程度,采取不同的材料和施工方法进行,对局部板块的表面起皮应

进行罩面。

1　一般公路水泥混凝土板表面起皮(剥落、露骨)宜采用稀浆封层加以处治,其施工方法应参照本规范8.1.4条进行。

2　高速公路水泥混凝土板表面起皮(剥落、露骨),宜采用改性沥青稀浆封层或沥青混凝土加以处治,其施工方法应按8.1.4条和8.1.5条执行。

3　对于较大面积的水泥混凝土面板表面起皮(剥落、露骨)宜采取稀浆封层及沥青混凝土罩面措施,其施工方法应按第8章有关条款执行。

8　水泥混凝土路面改善

8.1　水泥混凝土路面表面功能恢复

8.1.1　一般规定

水泥混凝土路面整条路段出现较大面积的磨损、露骨,应采取铺设沥青磨耗层;对局部路段出现路面磨光,应采取机械刻槽的方法,以恢复水泥混凝土路面的表面平整度和摩擦系数。

8.1.2　对于水泥混凝路面板较大范围的磨损和露骨可铺设沥青磨耗层。

1　沥青磨耗层铺筑前应对混凝土面板进行修整和处理,应使水泥混凝土路面干燥清洁,不得有尘土、杂物或油污。

2　水泥混凝土路面表面应喷洒0.4~0.6kg/m^2的粘层沥青,宜采用快裂型乳化沥青。

3　粘层沥青宜用沥青洒布车进行喷洒,在路缘石、雨水进水口、检查井等局部位置与沥青面层接触处用人工涂刷。

4　喷洒粘层沥青应符合下列要求:

1)粘层沥青应均匀洒布或涂刷,喷洒过量处应予刮除。

2)当气温低于10℃或路面潮湿时,不得喷洒粘层沥青。

3)喷洒粘层沥青后,除沥青混合料运输车辆外严禁其他车辆、行人通过。

4)粘层沥青洒布后,应立即铺筑沥青层,乳化沥青应待破乳后铺筑。

8.1.3　沥青磨耗层,采用沥青砂,厚度一般为1.0~1.5cm,其矿料级配及沥青用量见表8.1.3。

8.1.4　磨耗层采用稀浆封层时,宜采用的矿料级配及沥青用量范围见表8.1.4。

沥青混合料级配及沥青用量范围(方孔筛) 表8.1.3

砂粒式	通过下列筛孔(mm)的质量百分率(%)								沥青用量
	9.5	4.75	2.36	1.18	0.6	0.3	0.15	0.075	kg/m²
	100	95~100	55~75	35~55	20~40	12~28	7~18	5~10	6.0~8.0

乳化沥青稀浆封层矿料级配及沥青用量范围 表8.1.4

筛孔 / 通过量	筛孔(mm)		级配类型
	方孔	圆孔	ES-3
通过筛孔的质量百分率(%)	9.5	10	100
	4.75	5	70~90
	2.36	2.5	45~70
	1.18	1.2	28~50
	0.6	0.6	19~34
	0.3	0.3	12~25
	0.15	0.15	7~18
	0.076	0.075	5~15
沥青用量(油石比)(%)			6.5~12
平均厚度(mm)			4~6
混合料用量(kg/m²)			>8

1 稀浆封层的施工温度不得低于10℃,路面应清洁。

2 稀浆封层机摊铺时应保持槽内有近半槽稀浆,摊铺过程中出现局部稀浆过厚,需用橡皮板刮平,稀浆过少应用铁锨取浆补齐,流出的乳液需用刮板刮平,摊铺终点接头处应平直整齐。

3 稀浆封层铺筑后到成型前应封闭交通。

4 开放交通初期应有专人指挥,控制车速不得超过20km/h,并不得刹车或调头。

8.1.5 采用改性沥青稀浆封层时，其施工程序与普通稀浆封层基本相同，但必须使用改性稀浆封层机，采用慢裂快凝型乳化沥青。

8.1.6 路面磨光时，可采用刻槽法进行处治。混凝土板刻槽宜采用自行式刻槽机，应在指定的线路上安置导向轨，并将导向轮扣在导向轨上，刻槽深度3～5mm，槽宽3～5mm，缝距为10～20mm。刻槽时宜由高向低逐步推进。

8.2 水泥混凝土加铺层

8.2.1 在旧水泥混凝土路面上加铺水泥混凝土面层之前应对旧混凝土路面进行处理。

1 对旧混凝土路面进行调查，分板块逐一编号，绘制病害平面图。

2 按设计要求对病害面板进行处理。

3 板底脱空可采用板下封堵的方法进行压浆处理，按本规范7.3规定执行。

4 板块破碎、角隅断裂，沉陷、掉边、缺角等病害板，必须用破碎机(液压镐)凿除。清除混凝土碎屑后，整平基层，并夯压密实，然后铺筑与旧板块等强度的水泥混凝土，其标高控制与旧板面齐平。

8.2.2 在旧混凝土顶面宜铺筑一层隔离层。

1 铺筑前应先清除旧面板表面杂物，冲刷尘污，使板面洁净无异物。

2 用清缝机清除水泥混凝土面板接缝杂物，用灌缝机灌入接缝材料。

3 在旧混凝土表面洒布粘层沥青。

1)在封闭交通施工的路段，施工路段长度一般不宜大于1000m；在半幅通车半幅施工路段，一般不宜大于300m。

2)粘层沥青采用热沥青或乳化沥青。沥青用量为0.4kg/m^2，使用乳化沥青，宜采用快裂洒布型乳化沥青PC－3、PA－3，乳液中沥青含量不少于50%，乳化沥青用量为0.6kg/m^2。洒布过量处，应予刮除。

3)严禁在已洒布或涂刷粘层沥青的面板上通行车辆和行人,并防止土石杂物等散落在沥青上面。

4 沥青混凝土隔离层

1)沥青混凝土厚度以 1.5 ~ 2.5cm 为宜。

2)摊铺宽度应超过加铺板边缘 25cm,严禁出现空白区。

3)碾压机械宜采用轮胎压路机,自路边向路中心碾压,边压边找平,至沥青混凝土隔离层平整无轮迹为止。

5 土工布隔离层

1)在水泥混凝土路面上满铺土工布。

2)土工布纵横向搭接宽度为 2cm。

3)在土工布搭接部分涂刷热沥青。

6 沥青油毡隔离层

1)在水泥混凝土路面上满铺沥青油毡。

2)沥青油毡纵横向搭接宽度为 20cm。

3)在沥青油毡搭接部分涂刷热沥青。

8.2.3 水泥混凝土加铺层厚度应通过计算确定,且不小于 18cm。

1 水泥混凝土加铺层半幅施工时模板应采用钢模板,中模以角钢为宜,必须支立稳固,其平面位置与高度应符合设计要求。

2 安装模板宜采取由边模固定中模的方法。边模由钢钎固定,中模每间隔 1m 用膨胀螺丝将模板外侧底部预先定位固定,中、边模之间采用横跨两模板的活动卡梁辅助固定。活动卡梁间距不大于 2m,并随铺筑进度相应装拆推移。

3 混凝土配合比设计,混合料搅拌、运输、摊铺、振捣、整平、接缝设置、表面修整、养护、锯缝、填缝等工艺应符合公路水泥混凝土路面有关施工规范规定。

4 加铺层,新、旧混凝土面板应尽可能对缝,模板拆除时必须做好锯缝位置的标记。

8.2.4 钢纤维混凝土加铺层适用于路面标高受到限制的路段。

1 钢纤维混凝土路面板厚应通过结构设计确定,也可取普通混凝土路面板厚度的 0.65 倍，一般不小于 12cm。

2 集料的粒径不大于 15mm，钢纤维规格应符合《公路水泥混凝土路面设计规范》(JTJ 012)的规定。

3 钢纤维体积率为 1.2%、钢纤维混凝土拌和物的配合比，混合料搅拌、摊铺、振捣、整平、养护等，均应符合公路水泥混凝土路面有关施工规范的规定。

4 纵、横缝应与旧混凝土面板一致，拆模时必须做好锯缝标记。

8.2.5 连续配筋混凝土加铺层适用于高速公路。

1 纵向、横向钢筋应采用螺纹钢筋。纵向钢筋配筋率按式(8.2.5)计算确定，一般控制在 0.5% ~ 0.7% 范围内。横向钢筋用量可取纵向钢筋用量的 1/5 ~ 1/8。

$$\beta = \frac{E_c f_{cm}}{2E_c f_{sy} - E_s f_{cm}}(1.3 - 0.2\mu) \times 100 \qquad (8.2.5)$$

式中：β——纵向钢筋配筋率，%；

f_{cm}——钢筋混凝土设计弯拉强度，MPa；

f_{sy}——钢筋屈服强度，MPa；

μ——面板与基层之间的摩阻系数，一般取 1.5。

E_c——混凝土弯拉弹性模量，MPa；

E_s——钢筋弹性模量，MPa。

2 钢筋布置应符合下列要求：

1)纵向钢筋间距不小于 10cm，不大于 25cm。

2)横向钢筋间距不大于 80cm。

3)纵向钢筋焊接长度不小于 50cm 或钢筋直径的 30 倍，焊接位置相互错开，不应在一个断面上重叠。

4)纵向钢筋应设在面板厚度的 1/2 处，横向钢筋位于纵向钢筋之下，横向钢筋下设梯形混凝土支撑垫块。

5)边缘钢筋至板边的距离一般为 10 ~ 15cm。

3　端部处理

在与其他路面或桥梁、涵洞等构造物连接处,必须进行端部处理。可根据实际情况连续设置三道胀缝或三道矩形锚固梁。

4　接缝设置

1)纵缝不另设拉杆,由一侧板的横向钢筋延伸,并穿过纵缝代替拉杆。

2)施工缝可采用平缝,纵向钢筋应保持连续,穿过接缝。

8.2.6　钢筋混凝土加铺层适用于一般路段。

1　钢筋混凝土板厚按普通混凝土板规定进行设计。

2　纵、横向钢筋宜采用相同的直径。钢筋的最大间距和最小直径按表8.2.6确定。

钢筋最小直径和最大间距　　表8.2.6

钢筋类型	光面钢筋	螺纹钢筋
最小直径(mm)	8	12
纵向最大间距(cm)	15	35
横向最大间距(cm)	30	75

3　钢筋的搭接长度宜大于直径的25倍,钢筋应设在板面下1/3～1/2板厚范围内,外侧钢筋中心距接缝或自由边的距离为10～15m,钢筋保护层的最小厚度不小于5cm。

4　横向缩缝间距宜为10m,并应设传力杆。纵缝、胀缝和施工缝的设置与普通混凝土路面相同。

8.2.7　直接式加铺层施工须清除旧面板表面积物,冲刷尘污,使板面洁净无异物。直接式加铺层厚度应通过计算确定且不小于14cm。

1　采用直接式加铺层的路段,其板面应基本完好、平整。旧混凝土面板局部裂缝处应采用钢筋网片补强,钢筋网片覆盖于裂缝之上,超过裂缝不小于50cm,网片距板底面5cm。

2　水泥混凝土路面施工,按照公路水泥混凝土路面有关施工规范规定执行。

8.3 沥青混凝土加铺层

8.3.1 沥青混凝土加铺层要求旧混凝土路面稳定、清洁，对面板损坏部分必须维修，旧水泥混凝土路面的处理应符合本规范8.2.1的规定。

8.3.2 反射裂缝的防治可采用土工格栅、油毡、土工布、切缝填封橡胶沥青或做二灰碎石、水泥稳定粒料层。

1 采用土工格栅施工，应符合下列规定：

1)先在混凝土面板上洒粘层沥青，沥青用量为0.4～0.6kg/m^2；

2)用1～2cm沥青砂调平旧混凝土路面；

3)宜采用玻璃纤维格栅压入沥青调平层；

4)采用膨胀螺丝加垫片固定格栅端部；

5)格栅纵、横向的搭接部分不小于20cm；

6)格栅中部在混凝土面板纵、横缝位置及两外侧边缘用铁钉加垫片固定。

2 采用聚脂改性沥青油毡施工，应符合下列规定：

1)将油毡切割成50cm宽的长条带；

2)用压缩空气清除表面杂物；

3)将油毡铺放在接缝处，缝两侧各25cm；

4)用汽油喷灯烘烤油毡；

5)当油毡处于熔融状态后压实；

6)用一层沥青砂覆盖油毡表面。

3 采用土工布施工，应符合下列规定：

1)凿平板块错台部位；

2)喷洒粘层沥青，沥青用量为0.4～0.6kg/m^2；

3)一端固定土工布，然后拉紧、铺平粘贴土工布。

4 在沥青路面上对应水泥混凝土横向接缝处切缝，灌接缝材料。

1)按旧水泥混凝土路面平面图，确定水泥混凝土板的接缝位置；

2)在沥青面层已定位的接缝上方，锯深1.5cm、宽0.5cm的缝；

3)用压缩空气将锯缝清理干净，并保持干燥；

4)灌填橡胶沥青。

5 做二灰碎石、水泥稳定碎石上基层：

基层厚度不小于15cm，基层施工按《公路路面基层施工技术规范》(JTJ 034)执行。

8.3.3 沥青混凝土面层结构厚度应满足沥青混凝土最小结构厚度，沥青路面厚度一般不低于7cm。

沥青混凝土路面施工，应符合《公路沥青路面施工技术规范》(JTJ 032)有关规定。

8.4 水泥混凝土路面加宽

8.4.1 土基拓宽时应先将原边坡坡脚或边沟清淤。

1 必须铲除边坡杂草、树根和浮土，并按《公路路面基层施工技术规范》(JTJ 034)规定处理。

2 应分层填筑压实土基。

3 必须处理好新旧路基的衔接，在新老路基交界处，路基与基层界面上铺设一层土工格栅。

4 在做路基加宽时，应同时做好路基排水系统。

8.4.2 路面基层拓宽时，新加宽的基层强度不得低于原有水泥混凝土路面的基层强度，宜采用相错搭接法(见图8.4.2)。

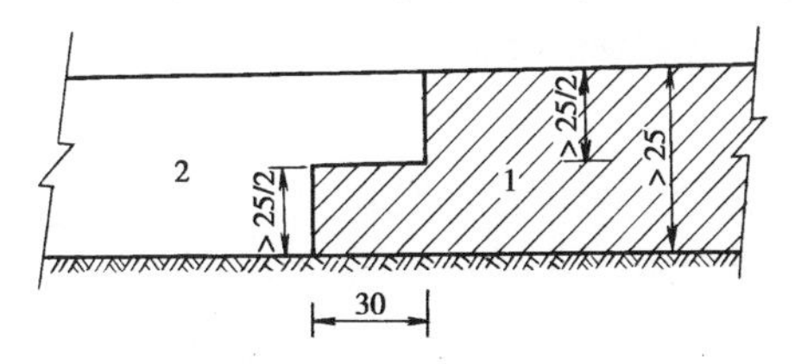

图8.4.2 相错搭接法(单位：cm)

1-原有基层；2-新铺加宽基层

8.4.3 混凝土路面加宽应符合下列要求：

1　双侧加宽。如原路基较宽，路面加宽后路肩宽度大于75cm时，可以直接加宽；如路基较窄不具备加宽路面条件的路段，应先加宽路基。如果施工机械和操作方法能保证路基加宽部分达到规定密实度，即可加宽路面，否则应待路基压实稳定后，再加宽路面。宜采用两侧相等加宽的方式，见图8.4.3-1。$a-a'<1$m时不调整路拱，$a-a'>1$m时调整路拱，两侧不等宽的加宽方式，见图8.4.3-2、图8.4.3-3。

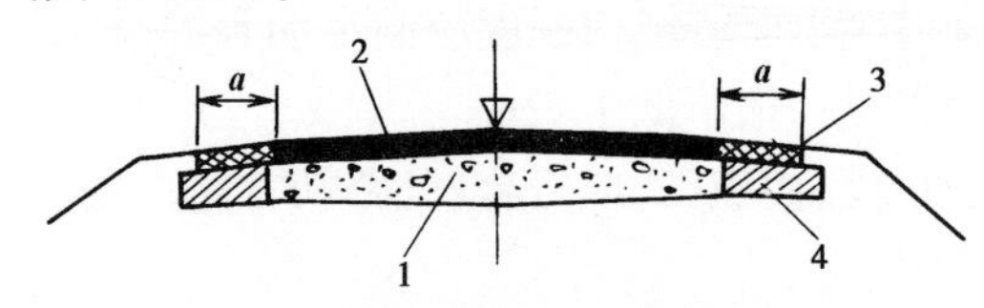

图8.4.3-1　两侧相等加宽路面

1-原基层；2-原路面；3-加宽路面；4-加宽基层

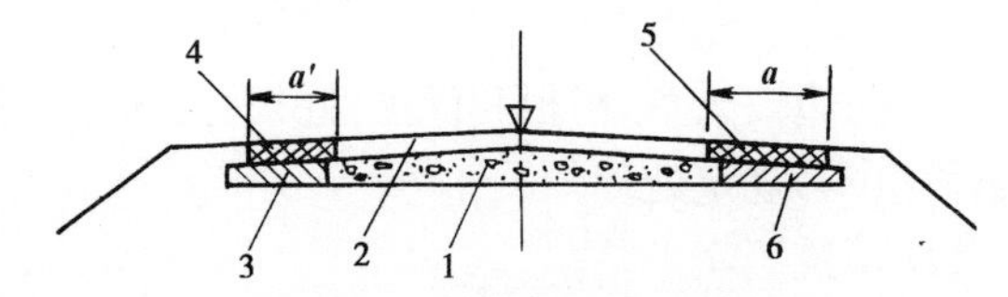

图8.4.3-2　两侧不相等加宽路面

$(a-a')<1$m时不调拱

1-原基层；2-原路面；3-加宽基层较窄；4-加宽面层较窄；

5-加宽面层较宽；6-加宽基层较宽

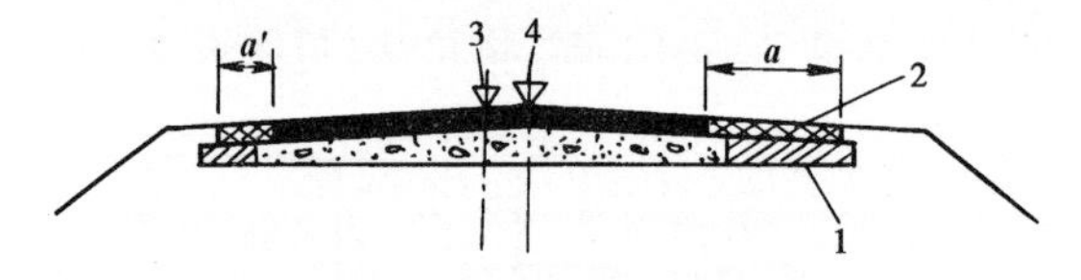

图8.4.3-3　两侧不相等加宽路面

$(a-a')<1$m时必须调整拱

1-加宽基层；2-加宽面层；3-原路拱；4-新铺路拱

2　单侧加宽：由于受线形和地形的限制必须采用单侧加宽时，可采用图8.4.3-4的加宽图示。

3　在平曲线处，均应按《公路工程技术标准》(JTJ 001)规定设置超高、加宽，原来漏设的，也应结合加宽补设。

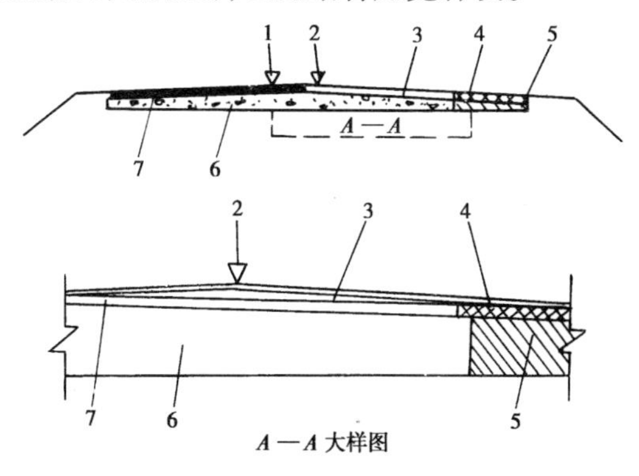

图 8.4.3-4

1-旧路拱中心；2-调拱后中心；3-调拱三角垫层；4-加宽面层；5-加宽基层；6-旧基层；7-旧面层

4 加宽的混凝土面板的强度、厚度、路拱、横缝均宜与原混凝土面板相同。板块长宽比应为 1.3～1.2。路面板加宽应增设拉杆，拉杆设置参照《公路水泥混凝土路面设计规范》(JTJ 012)执行。

5 路面板加宽应按下列方法增设拉杆：

1)在面板外侧每间隔 60cm，在 1/2 板厚处打一深 30cm，直径 18mm 的水平孔；

2)清除孔内混凝土碎屑；

3)向孔内压入高强砂浆；

4)插入 ϕ14mm 长 60cm 的螺纹钢筋。

6 水泥混凝土路面的施工，应符合公路水泥混凝土路面有关施工规范规定。

9 水泥混凝土路面修复

9.1 整块面板翻修

9.1.1 旧板凿除应注意对相邻板块的影响，尽可能保留原有拉杆。宜用液压镐凿除破碎混凝土板，应及时清运混凝土碎块。

9.1.2 基层损坏部分应予清除，并将基层整平、压实。

1 个别板块基层宜用C15贫混凝土将路面基层补强，其补强混凝土顶面标高应与旧路面基层顶面标高相同。

2 宜在混凝土路面板接缝处的基层上涂刷一道宽20cm沥青带。

9.1.3 在进行路面板翻修时在路面排水不良地带，路面板边缘及路肩应设置路基纵、横向排水系统。

1 单一边板块翻修时应在路面板接缝处设置横向盲沟。

2 较长路段翻修时宜设纵横向盲沟，并应在纵坡底部设置横向盲沟。

9.1.4 混凝土配合比及所选用的材料，应根据路面通车时间的要求选用快速修补材料。

1 混凝土拌和机宜设置在施工现场附近。

2 可采用翻斗车运送混合料，人工摊铺，宜用插入式振捣器振捣，振动梁刮平提浆，人工抹平，按原路面纹理对混凝土表面进行处理。

3 宜采用养护剂进行养护。

4 相邻板块的接缝宜用切缝机切至1/4板块深度。

5 清除缝内杂质，灌接缝材料。

9.2 部分路段修复

9.2.1 旧水泥混凝土板破碎，宜采用配备液压镐的混凝土破碎机，液压镐落点间距为40cm。

1 应及时清除混凝土碎块。

2 整平基层，采用压路机压实。压路机上下路床应设置三角导木。

9.2.2 基层强度不足时，可采用水稳性较好的材料进行处理。

9.2.3 应结合路面维修，设置纵、横向排水系统。排水系统设置应按本规范7.4.3规定执行。

9.2.4 混凝土施工前应在路面基层上做沥青下封层，沥青用量为$1.0kg/m^2$。

9.2.5 新老水泥混凝土板交接处应设传力杆。

1 在新旧路面板交界处，在旧面板1/2板厚处，每隔30cm钻一直径为28mm，深22.5cm的水平孔。

2 用压缩空气清除孔内混凝土碎屑。

3 向孔内灌入高强砂浆。

4 在旧混凝土板侧向涂刷沥青，将ϕ25mm，长45cm的光圆钢筋，插入老混凝土面板中。

5 对损坏的拉杆要修复，可在原拉杆位置附近，打直径为18mm，深35cm拉杆孔，用压缩空气清孔，灌高强砂浆，将ϕ14mm长70cm的螺纹钢筋插入老混凝土面板中35cm。

9.2.6 水泥混凝土路面的材料要求、施工工艺、应按照公路水泥混凝土路面有关施工规范执行。

9.2.7 水泥在混凝土板块接缝处，用切缝机切1/4板厚深的缝。

9.3 旧水泥混凝土路面再生利用

9.3.1 对水泥混凝土板的大面积破坏，可对旧混凝土进行再生利用。混凝土再生利用主要用做水泥混凝土面层粗集料、基层集料和碎块底基层。

9.3.2 旧水泥混凝土板块强度达到石料二级标准时，可作为再生混凝土集料使用。

9.3.3 旧水泥混凝土板再生利用时，应符合下列要求：

1 在旧水泥混凝土板破碎前,应标明涵洞、地下管道、排水管位置。在有沥青罩面层处应先用铣刨机清除沥青层。在地下构造物、涵洞、地下管道位置,以及破碎板与保留板连接处的第一块旧混凝土板,应用液压镐破碎。全幅路面板破碎可用落锤式破碎机进行施工。

2 将旧水泥混凝土碎块装运到料场进行加工。在旧混凝土板破碎、装运、输送的过程中应将钢筋剔除。旧混凝土集料的最大粒径应为40mm,小于20mm的粒料不再作为集料。

3 做水泥混凝土配合比设计时,粒径小于20mm的集料宜采用新的碎石。掺加减水剂和二级干粉煤灰。回收集料、新集料、水泥、粉煤灰最终级配要求应满足表9.3.3-1和表9.3.3-2的要求。

粗集料级配要求 表9.3.3-1

筛孔尺寸(mm)	40	20	10	5
累计筛余(%)	0~5	30~65	70~90	95~100

细集料级配要求 表9.3.3-2

筛孔尺寸(mm)	5	2.5	1.25	0.63	0.315	0.16
累计筛余(%)	0	0~20	15~50	40~75	70~90	90~100

9.3.4 旧水泥混凝土板块强度达到三级标准可作为基层集料。

1 宜采用石灰、粉煤灰结旧混凝土集料基层。

2 混凝土基层集料含量宜为80%~85%。

3 石灰、粉煤灰比例宜为1:4。

9.3.5 水泥混凝土路面破损状况属差级时,应将混凝土板破碎作为底基层使用。

1 在水泥混凝土路面两侧挖纵横向排水沟,排除积水。

2 旧水泥混凝土板破碎按本规范9.3.3条第1款执行。落锤落点间距为30cm,宜交错布置,混凝土板碎块最大尺寸不超过30cm。

3 用灌浆设备将M5水泥砂浆灌入板块缝内。

4 用25t振动压路机进行振碾,碾压速度为2.5km/h,往返碾压6次。要求基层稳定,灌浆饱满。

5 对软弱松动碎块应予清除,并用C15贫混凝土填补。

10 水泥混凝土预制块路面养护与维修

10.1 水泥混凝土预制块路面常见病害

10.1.1 预制块路面的破损大多发生在春季和雨季,应加强巡回检查。对出现的各种病害,应及时进行保养、修复和改善。

10.1.2 预制块路面通常发生下列病害:

1 填缝料散失、损坏。

2 个别预制块松动、破碎、错台、缺损、沉陷、隆起。

3 路边部分砌块歪倒、横移和缝宽增大。

10.2 水泥混凝土预制块路面日常养护

10.2.1 预制块路面的日常养护工作,主要是清除路面上的尘土、污泥和杂物,排除积水,保持路面清洁。

10.2.2 预制块路面日常养护标准,应符合表10.2.2规定。

水泥混凝土预制块路面养护质量标准 表10.2.2

项　　目	允许值	说　　明
平整度(mm)	10	用三米直尺量测
相邻块顶面高度差(mm)	5	用钢尺量测,取大值
最大缝宽(mm)	10	用楔形塞尺量测,取大值
横坡度(%)	±0.5	水准仪测量
破损率(‰)	≤10	量测每1000m^{2}中破损块的面积

10.2.3 预制块路面的缝隙应经常检查并及时添补嵌缝料。

1 预制块与预制块之间用水泥砂浆作填缝的,如填缝发生破碎,应及时剔除杂物,然后用快硬早强砂浆重新灌缝。灌缝路段应半幅施工,并做好交通疏导工作,待砂浆达到设计强度后再开放交通。

2 预制块与预制块之间用砂填缝的,由于行车作用,砂易被吸出,应及时添补,使预制块间的缝隙经常充满填缝料,防止砌块松动。

10.2.4 个别预制块如有破碎,应按原材料和原尺寸补换。

10.3 水泥混凝土预制块路面局部损坏维修

10.3.1 个别预制块发生错台、沉陷,应把这一部分砌块取出,整平夯实垫层,将预制块铺放在垫层上,且高出原砌块标高0.5cm,撒填缝料,并加以压实,使新铺的预制块下沉到与周围的预制块路面高度一致。

10.3.2 对较大面积的沉陷或错台,应先清除污泥,处理路基,修整垫层,然后把挖出的预制块铺放在垫层上,补块应高出原路面砌块 0.5cm,作为预留沉降。

10.3.3 路面边缘损坏,应先修理好边部预制块和整理好路肩,并从路肩开始向边部预制块逐步压实。如预制块损坏范围较大,需要大面积整修或重新铺砌时,应注意整平压实处理基层,撒铺石屑、砂砾或粗砂,预垫层层厚为 1cm,其撒铺范围应覆盖修补面积以外 20cm,然后进行修理,并在修理后 2 ~ 3 周内,经常在缝隙处扫灌填缝料,保持缝隙内的填料密实、饱满。

10.4 水泥混凝土预制块路面翻修

10.4.1 预制块路面必须翻修时,应对路基土、路面结构、排水、地下水以及交通量等进行详细调查,根据损坏原因,采取相应措施。

10.4.2 挖出的预制块,尚可利用的与不能利用的应分开堆放,不得混杂。

10.4.3 清除损坏的垫层,进行更换并补足应有的厚度。

1 砂垫层厚度以 3cm 为宜,砂的含泥量不应大于 3%,粒径大于 5mm 的颗粒含量不应大于 10%。

2 砂垫层摊铺时，应根据砂的含水量、铺砌方式确定砂的松铺厚度。摊铺后把砂刮平，其高程应符合设计要求。所有摊铺及刮平工作人员，均不得站在砂垫层上操作。

10.4.4 预制块铺砌时混凝土预制块路面两侧应预先设置坚固的边缘约束。边缘约束可采用路缘石侧石，其外侧必须用混凝土基座或背衬固定。

1 预制块应按设计形式铺好第一排砌块，随后的铺砌应与第一排砌块稳固，紧密相靠，砌块间的缝隙宜为 2~3mm。

2 镶嵌约束边缘与砌块间的空隙，应按设计将特制的块料或根据空隙的尺寸，将预制块切割成所需的形状，填砌在砌块与边缘约束带之间。不应采用小而薄的砌割块填塞。

3 边缘内孔隙镶嵌完毕，应采用平板振动器振压预制混凝土块表面。振动板的面积宜为 0.35~0.5m^2；振动频率以 75~100Hz 为宜。初振时振动器应避开现支撑的边缘和端部。振压后应在铺砌块面上撒砂，用砂填充缝隙，并继续振动 2~3 遍，即可开放交通。

附录A　水泥混凝土路面修补材料

A.1　裂缝修补材料

A.1.1　裂缝修补材料根据其功能可分为补强材料和密封材料。当水泥混凝土路面由于裂缝造成了强度不足时，应选用补强材料。当水泥混凝土路面仅出现贯穿裂缝，而板面强度仍能满足使用要求时，应选用密封修补材料，将裂缝封闭。

A.1.2　用于水泥混凝土路面裂缝修补的高模量补强材料宜选用经过改性的环氧树脂类材料或经乳化反应过的环氧树脂乳液，其主要技术要求应符合表A.1.2中的规定。

补强材料技术要求　　表A.1.2

性　　能	技术要求
灌入稠度(S)	<20
拉伸强度(MPa)	≥5
粘结强度(MPa)	≥3
断裂伸长率(%)	2~5

1　灌入稠度试验方法可按《公路水泥混凝土路面接缝材料》(JT/T 203)的方法进行。

2　拉伸强度及断裂伸长率试验方法：

1)试样

试样尺寸见图A.1.2-1，每组试样不少于5个。

2)试验标准条件

试验环境温度20±5℃，相对湿度65%±5%。

试验设备：

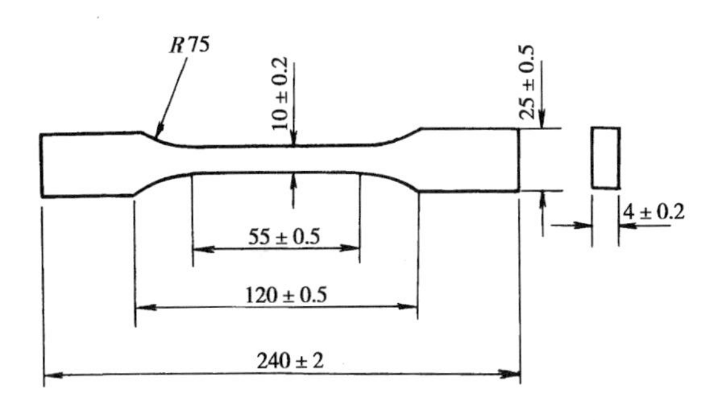

图 A.1.2-1　拉伸试样图(单位:mm)

试验机测量范围为 0 ~ 1000N,分度值为 2N,示值精度为 ±1%,试验机上夹具的移动速度为 80 ~ 500mm/min。

3)试验程序

将按工艺要求配好的胶液直接浇入试样模内,固化后加工成标准试样。试样表面应平整、光滑,无气泡、裂纹、明显杂质和加工损伤等缺陷。在试验室标准条件下,放置 4h。将合格试样编号,测量试样工作段中部和离标线为 5mm 之内处各任取一点的宽度和厚度,准确到 0.05mm,取算术平均值。夹持试样,使试样的中心轴线与上、下夹具的对准中心线一致,安上防护罩,按规定速度(250 ± 50mm/min)均匀、连续加载,直到破坏,读取试样断裂时的荷载,同时量取试样断裂瞬间标距线间的长度 L_1。若试样断裂在标距外,则该试样作废,另取试样补做。

4)结果计算

试样的拉伸强度按式(A.1.2-1)计算,精确到 0.1MPa

$$\sigma_t = \frac{P}{Bd} \qquad (A.1.2\text{-}1)$$

式中:σ_t——试样拉伸强度,MPa;

P——试样断裂时的荷载,N;

B——试样标距段的宽度,mm;

d——试样标距段的厚度,mm。

试样的断裂伸长率按式(A.1.2-2)计算:

$$\varepsilon_t = \frac{L_1 - L}{L} \times 100 \qquad (A.1.2-2)$$

式中：ε_t——试样的断裂伸长率，%；

L——试样标距线间初始有效长度，mm；

L_1——试样断裂瞬间标距线间的长度，mm。

分别计算并报告5个试样纵向和横向的算术平均值，精确到1%。

3 粘结强度试验方法

1)仪器及材料

抗张仪：单杠杆；

抗拉试验砂浆块。

2)试件制备

用42.5号或52.5号硅酸盐水泥和中砂按质量1:2的比例混合，水和灰按质量0.4:1的比例制成砂浆。将厚约15mm的金属隔板垂直放入砂浆模中间，然后注入砂浆，脱模后，去掉金属隔板成为两个相等的砂浆块(如图A.1.2-2)。在水中养护7d后，自然风干备用。

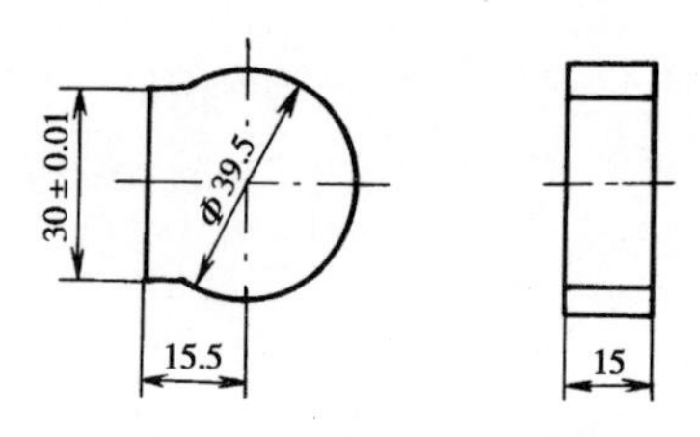

图A.1.2-2 粘结试样图(单位：mm)

取两个砂浆块清除浮砂，在横断面上涂刷0.5~1mm的补强材料使其全部粘结，在40±2℃下干燥24h备用，每组试件6块。

取已充分干燥的试件在20±1℃条件下放置1h，然后于抗张仪上拉断。记录破坏时读数。

3)结果计算

每个粘结强度的数值按式(A.1.2-3)计算：

$$F = \frac{P}{S} \quad (A.1.2\text{-}3)$$

式中：F——粘结强度 MPa;

P——拉力读数,N;

S——粘结面积(按实际粘结面积计),mm^2。

4)结果评定

在6块试件中选取4块数值接近的平均值作为粘结强度的试验结果。

A.1.3 用于水泥混凝土路面裂缝修补的密封材料宜选用聚氨脂类灌浆材料。用于水泥混凝土路面修补的密封材料技术性能应符合表A.1.3的规定。

密封材料技术要求 表A.1.3

性 能	技术要求
灌入稠度(s)	<20
拉伸强度(MPa)	≥4
粘结强度(MPa)	≥4
断裂伸长率(%)	≥50

密封材料技术性能测试方法与补强材料技术性能测试方法相同。

A.2 接缝材料

A.2.1 用于水泥混凝土路面修补的接缝材料,应符合《公路水泥混凝土路面接缝材料》(JT/T 203)规定。水泥混凝土路面修补用接缝材料的性能测试方法可按《公路水泥混凝土路面接缝材料》(JT/T 203)推荐的方法进行。

A.2.2 用于水泥混凝土路面接缝修补的接缝板应具有一定的压缩性及弹性,当混凝土板高温膨胀时不被挤出;当混凝土板低温收缩时,能与混凝土板缝壁联接,不被拉断,不产生缝隙;耐久性好,复原率高,在混凝土路面施工时不变形,且具有较高的耐腐蚀性。

1 接缝板的品种主要有杉木板、泡沫橡胶板、泡沫树脂板和纤维板。其技术要求应符合表 A.2.2 的规定。

接缝板的技术要求 表 A.2.2

试验项目	接缝板种类			备注
	木类	泡沫类	纤维类	
压缩应力(MPa)	5.0~20.0	0.2~0.6	2.0~10.0	
复原率(%)	>55	>90	>65	吸水后不应小于不吸水的90%
挤出量(mm)	<5.5	<5.0	<4.0	
弯曲荷载(N)	100~400	0~50	5~40	

2 接缝板的厚度误差范围不应大于±5%,长度与宽度误差范围不应大于±2%。

3 木类板应挖除板上的树节,并用原质木材修补。该类材料不宜在高等级公路上使用。

A.2.3 填缝料一般分为加热施工式填缝料和常温施工式填缝料。

1 用于水泥混凝土路面修补的填缝料应具备如下技术性能:

(1)与水泥混凝土板缝壁具有较好的粘结力。当混凝土板伸缩时,填缝料能与混凝土板缝壁粘接牢固,而不致从混凝土缝壁上拉脱。

(2)具有较高的拉伸率,填缝料必须能随混凝土板伸缩,而不致被拉断。

(3)耐热及耐嵌入性好,在夏季高温时,填缝料不发生流淌。填缝料应耐砂石杂物嵌入,保证混凝土板伸胀不受阻。

(4)具有较好的低温塑性。在冬季低温时,填缝料不发生脆裂,仍具有一定的延伸性。

(5)耐久性好。填缝料应能在较长时间保持良好的使用性能,即耐磨、耐水等,不过早老化。填缝料寿命不得低于3年。

2 加热施工式填缝料

加热施工式填缝料的品种主要有聚氯乙烯胶泥、沥青橡胶类和沥青玛蹄脂等，其技术要求应符合表 A.2.3-1 的规定。

加热施工式填缝料的技术要求　　表 A.2.3-1

试验项目	低弹性型	高弹性型
针入度(0.1mm)	<50	<90
弹性(复原率)(%)	>30	>60
流动度(mm)	<5	<2
拉伸量(mm)	>5	>15

3　常温施工式填缝料

常温施工式填缝料的品种主要有聚氨酯焦油类、氯丁橡胶类、乳化沥青橡胶类等。其技术要求应符合表 A.2.3-2 的规定。

常温施工式填缝料的技术要求　　表 A.2.3-2

试验项目	技术要求
灌入稠度(s)	<20
失粘时间(h)	6~24
弹性(复原率)(%)	>75
流动度(mm)	0
拉伸量(mm)	>15

A.3　板块修补材料

A.3.1　用于水泥混凝土路面板块修补的材料，应达到下列技术要求：

1　快硬高早强。用于板块修补的混凝土材料应在 24h 内达到原板块设计强度的 70%以上，48h 内达到原板块设计强度。

2　收缩小。混凝土 7d 内无收缩，28d 的收缩率<0.02%。

3　新旧混凝土粘结好。新旧混凝土结合处的剪切强度应达到混凝土整体剪切强度的 55%。

4　后期性能稳定。修补用混凝土的后期强度发展规律应与普通混凝土相一致。

5　耐磨性高，耐久性好。修补后的混凝土耐磨性必须达到原有未损坏的旧混凝土耐磨性，且应具有抗冻、耐腐蚀、抗渗等耐久性能。

6 施工和易性好。修补用混凝土初凝时间宜大于2h。

7 修补后的混凝土表面颜色应与旧混凝土基本一致。

水泥混凝土板块修补宜采用性能稳定的早强混凝土、聚合物乳液细粒式混凝土、钢纤维水泥混凝土。

A.3.2 早强混凝土原材料组成：

1 水泥。宜选用52.5号普通硅酸盐水泥或52.5号硅酸盐水泥，如因条件限制，也可采用强度富余系数大于1.10的42.5号普通硅酸盐水泥，不宜采用矿渣水泥、粉煤灰水泥、火山灰水泥及后期性能不稳定的硫铝酸盐水泥，禁止使用高铝水泥及其他不适合于水泥混凝土路面修补的水泥。

2 细集料。宜选用细度模数为2.5~3.0的河砂，砂子含泥量应小于1%。禁止使用海砂或特细河砂。

3 粗集料。宜选用质地坚硬、级配较好的石灰石。全厚度修补，石子最大粒径宜选用40mm以内；半厚度修补，石子最大粒径宜控制在30mm以内。石子的含泥量应小于0.5%。

4 外掺料。宜选用高早强、收缩小、耐久性好的混凝土快速修补剂。对于水泥混凝土路面修补，一般不宜用引气型混凝土减水剂。

5 水。宜选用干净的河水或饮用水，不得使用污水或海水。

6 混凝土配合比。应经过试验室试配后确定，混凝土混合料坍落度宜控制在1cm以内。

A.3.3 聚合物乳液细粒式混凝土可用高分子聚合物乳液和碎石混凝土配制成。对于具有高早强要求的聚合物乳液细粒式混凝土可掺入适量的早强剂。适合于配制聚合物乳液细粒式混凝土的高分子聚合物乳液有环氧树脂乳液、丙烯酸酯乳液、苯丙乳液等，掺量宜为10%~15%(占细粒式混凝土用水泥重量百分率)。

混凝土坍落度以0.5~1.5cm为宜。

A.3.4 钢纤维水泥混凝土材料及配合比要求：

1　用于钢纤维水泥混凝土中的钢纤维必须洁净、无锈、无油污、无毒，并不含其他杂质和碎屑。纤维极限抗拉强度应大于500MPa，长径比以50~80为宜。

2　钢纤维水泥混凝土纤维体积率以1%~1.5%为宜，含砂率以45%~50%为宜，水灰比宜控制在0.50以内。为降低混凝土水灰比，改善其和易性，宜在混凝土中掺适量的高效减水剂。

A.4　板下封堵灌浆材料

A.4.1　板底脱空灌浆材料，宜选择流动性高，具有一定微膨胀能力的水泥砂浆或水泥浆。主要技术性能应达到如下要求：

1　具有自流淌密实性。

2　早期具有一定微膨胀性能，砂浆14d水养护膨胀率大于0.02%。

3　凝结时间适中，初凝时间不早于2h，终凝时间不超过3.5h。

4　早强高，12h抗压强度应达到3.5MPa。

板下封堵灌浆材料一般宜采用水泥砂浆，也可采用水泥浆。

A.4.2　板下封堵用水泥砂浆由水泥、砂、外掺剂和水混拌而成。

板下封堵用水泥砂浆的原材料：

1　水泥宜选用42.5号或52.5号普通硅酸盐水泥，水泥各项性能符合《硅酸盐水泥、普通硅酸盐水泥》(GB 175—1999)规定。

2　砂宜选用粒径小于3mm的优质河砂，砂的含泥量应小于2%。

3　外掺剂宜选用具有减水、早强、微膨功能的混凝土快速修补剂。

4　水宜选用洁净的河水或饮用水。

在有条件的地方，也可选用部分Ⅱ级粉煤灰超量取代水泥。

A.4.3　板下封堵用水泥浆由水泥、粉煤灰、外掺剂、水混拌而成。

板下封堵用水泥浆的原材料。

1　水泥宜选用42.5号或52.5号普通硅酸盐水泥，水泥各项性能指标符合《硅酸盐水泥、普通硅酸盐水泥》(GB 175—1999)规定。

2 粉煤灰宜选用Ⅱ级粉煤灰,其技术指标见表A.4.3。

Ⅱ级粉煤灰技术性能 表A.4.3

细度(0.080mm方孔筛的筛余)(%)	≤8
烧失量(%)	≤8
需水量比(%)	≤105
三氧化硫(%)	≤3
含水率(%)	≤1

3 外掺剂宜选用具有减水、早强、微膨功能的混凝土快速修补剂。

4 水宜选用洁净的河水或饮用水。

附录B　水泥混凝土路面养护维修机具

B.1　养护机具

养护维修机具　　　　表B.1

项目	机械设备名称	规　　格	备　　注
日常养护机具	清扫机	清扫宽度2~3m	配备洒水装置
	洒水机	500L	
	清缝机	清缝宽3~20mm 清缝深0~150mm	
	多功能养护机	功率26kW	可换装挖掘、挖坑、挖沟等养护作业常用的十多种装置
	除雪机	除雪宽度2.2m	
	路面划线机	线宽80~300mm	手推或自行式
	洒盐机		冬天除雪用
	嵌缝机	嵌缝宽3~20mm 嵌缝深0~150mm	
面板修补机具	路面破碎机械		液压或气压破碎装置
	拌和机	强制式,出料容量250~350L	
	机动翻斗车	容积0.4~1.2m^3	
	自卸汽车	容积2.4m^3	
	手推车	容积0.16~0.18m^3	
	平板振动器	功率1.1~2.2kW	
	插入振捣器	功率1.1~2.2kW	高频振捣器
	振动梁	功率1.1kW	
	表面抹光机	抹盘直径800mm	
	压纹器		手扶式
	切缝机	功率4~5.5kW 刀片直径60~80mm	

续上表

项目	机械设备名称	规格	备注
板下封堵机具	砂浆搅拌机	最小转速 800r/min 最大转速 2000r/min	
	喷射压力泵	压力 1.75MPa 泵送能力 5.7L/min	也可选择由喷射泵、胶体搅拌机及砂浆回流系统组成的多功能板下封堵机
	水箱		容量视浆体需要确定
	钻孔设备	孔径 3~5cm	旋转钻、风钻
旧混凝土再生	路面破碎机械		落锤式
	轧石机		可选用颚式或反击式轧碎机
	振动压路机	重量 > 15t	

B.2 主要养护机具性能

B.2.1 灌浆机具包括扩缝设备,清缝设备和灌浆器具。

1 扩缝宜采用冲击电锤,电锤功率宜大于 500W。

2 清缝设备采用压缩空气吹除缝中杂物,空气压缩机规格压力为 0.55MPa 时最小能力达 118 L/s。

3 灌浆可采用烧杯或带有尖嘴的量器。

B.2.2 接缝修补机具包括清缝机具、灌缝机具

1 清缝机具的主要技术性能应满足下列要求:

功率　　≥5.0kW

清缝宽　　3~20mm

清缝深　　0~150mm

行驶速度　　≤18km/h

2 加热施工式填缝料的灌缝机具的主要技术性能应满足下列要求:

功率　　≥7.0kW

材料加热功率　　≥6.3kW

缝宽　　3~20mm

缝深度　　0~150mm

B.2.3 板块修补机具包括切缝机、破碎机、拌和机、振捣器

1 切缝机应满足下列要求：

(1)切缝机主轴刚性好，不允许弯曲；

(2)刀片质量高，耐磨损；

(3)操作方便，易于控制，导向系统灵敏，切缝质量高；

(4)维修方便。

切缝机主要技术参数应达到下列指标：

(1)功率	>4kW
(2)刀片直径	>500mm
(3)切缝深度	>240mm
(4)推进速度	>0.5m/min

2 旧路面破碎宜采用液压式开凿机破碎，也可采用风镐或落锤进行破碎。

(1)液压式开凿机

液压式开凿机的主要技术性能应满足下列要求：

发动机功率	≥17.6kW
行驶速度	≤25.5km/h
液压系统压力	≥14MPa
破碎压力	11～13MPa
冲击能量	130～140J
冲击频率	11～13Hz
工作效率	≥10m²/h(板厚≤30mm)

液压式开凿机破碎旧水泥混凝土路面工作效率高，对相邻板块影响小，在有条件的地方宜优先采用此种破碎机具。

(2)风镐

当选用风镐破碎水泥混凝土路面时，应配备功率相适应的空气压缩机1～2台，发电机1～2台，发电机功率30～50kW。

3 水泥混凝土路面修补应先采用插入式振捣器和平板式振动器进行振捣，最后采用振动梁振平表面。

(1)插入式振捣器，宜选用振动频率为6000～15000次/min的高

频振捣器，激振力宜大于2.2kN，振幅宜控制在0.5～1.4mm范围内。

(2)平板式振动器的电机功率宜控制在1.1～2.2kW内，振动频率以2850次/min为宜，激振深度应大于150mm。

(3)振动梁的电机功率宜为1.1kW，横梁应有足够的刚度，激振深度以150mm为宜。

4 路面修补使用的表面抹光、压纹、切缝、灌缝机具，其规格与水泥混凝土路面常规施工机具规格相同。

B.2.4 板下封堵灌浆设备包括封堵机、水箱、钻孔设备

1 板下封堵机是由水泥浆喷射泵、胶体搅拌机和砂浆回流系统组成。其柱形转筒的锥形底同一部胶体碾磨机相连，胶状砂浆在碾磨机内搅拌而成，胶体碾磨机最小转速为800r/min，最大转速为2000r/min。

喷射泵压力为1.75MPa，具有5.7L/min的低速连续泵送能力。

2 水箱容量应满足配置砂浆的需要量。

3 钻孔设备应是带有空气压缩机的凿岩机或其他设备，设备应处于良好状态并能钻垂直于板面的圆孔，孔直径宜为3～5cm。

4 板底脱空压浆时，还应备好下列设备：

(1)高压软管；

(2)控制压力和容积的带阀门歧管；

(3)强制断流器；

(4)带保护装置的压力计；

(5)用于砂浆喷射后密封喷射孔的灌浆栓塞或木质插塞；

(6)在压浆前冲刷喷射孔的工具；

(7)钻孔用钢钎和凿子等。

B.2.5 旧混凝土再生设备，包括破碎机具、轧石机、振动压路机。

1 破碎机具可参照本章B.2.3推荐机具选用。

2 轧石机用于将破碎的混凝土块轧碎成符合粗集料级配的碎块，按其破碎形式可分为颚式轧石机和反击式轧石机。

3 旧混凝土路面破碎后，如将破碎块用于就地稳固基层，宜选用重型轮胎振动压路机(不小于15t)，以低速碾压为宜。

附录 C　本规范用词说明

C.0.1　对条文执行严格程度采用以下写法:

1　表示很严格,非这样做不可的用词

正面词采用“必须”,反面词采用“严禁”;

2　表示严格,在正常情况均应这样做的用词

正面词用“应”,反面词采用“不应”或“不得”;

3　表示允许稍有选择,在条件许可时首先应这样做的用词

正面词采用“宜”或“可”,反面词采用“不宜”

C.0.2　条文中规定应按其他有关标准规范的规定执行时,其一般写法为“应按……执行”或“应符合……的要求或规定”。

非必须按所指定的标准、规范执行的,采用“可参照……”。

C.0.3　条文中指明引用本规范各其他条文规定时,采用“应符合本规范第×.×.×条规定”或“应按本规范×.×.×条的规定采用”。

附　　件

公路水泥混凝土路面养护技术规范

（JTJ 073.1—2001）

条文说明

1 总　　则

1.0.1~1.0.2 自《公路水泥混凝土路面设计规范》(JTJ 012)和《水泥混凝土路面施工及验收规范》(GBJ 97)实行以来,我国水泥混凝土路面得到很大的发展。到2000年底全国水泥混凝土路面里程已达到11 574km。有些水泥混凝土路面修建时间较早,已接近或超过设计使用年限,有的水泥路面因设计、施工、养护等方面的原因,导致水泥路面出现早期损坏,亟待进行维修与养护,以保证水泥混凝土路面的正常使用。

1988年由交通部公路规划设计院主持的国家科委科技工作引导性项目《水泥混凝土路面发展对策及修筑技术的研究》,对旧水泥混凝土路面维修技术进行了探索。近年来在江苏、浙江、河南、四川、安徽、福建、广东等省分别铺筑了水泥路面修补试验路。经多年的观测和施工,在实践中积累了许多宝贵的经验。

本规范根据水泥混凝土路面养护的实践经验,以及国外水泥混凝土路面维修技术的新成果,纳入了水泥混凝土路面的日常养护、维修、改善、翻修、旧混凝土路面再生利用以及快速修补材料和水泥混凝土路面养护维修机具,以适应公路交通运输发展的需要;本规范适用范围为公路水泥混凝土路面的养护维修和改善。

水泥混凝土路面是较耐用的高级路面,在正常养护情况下设计使用年限为20~30年。因此,要认真做好水泥混凝土路面的日常养护和维修工作,以延长水泥路面的使用寿命。

1.0.3 我国幅员辽阔,各地区的自然条件差异悬殊。材料来源、适用范围和经济条件等方面,各地区也不尽相同。由于本规范是行业标准,其覆盖面较广,只能取其共性,难以具体反映全国各地的条件,因此,本规范规定了基本要求。

由水泥混凝土路面板块厚度是按交通等级标准设计的,超载车辆易导致水泥混凝土路面板块的早期损坏。根据《中华人民共和国公路法》第五十条规定,应禁止超载车辆上路行驶。

1.0.4 由于水泥混凝土路面涉及范围较广,不可能将所有规定纳入条文。因此,水泥混凝土路面养护除应按本规范执行外,尚应执行现行的国家和行业有关标准、规范的规定。

2 术 语

对需要予以定义或予以解释的名词术语作了规定。凡属国家《道路工程术语标准》及交通部标准《公路工程名词术语》和《公路养护术语》中有规定的,或本规范条文中已作规定的,或意义明确勿需解释的,则未列出。

所列符号系参照国家(行业)标准、规范、规程中所采用的符号,凡条文中已有定义的均不列入。

3 水泥混凝土路面养护内容与质量标准

3.1 养护内容

本节规定了水泥混凝土路面维修养护的主要内容和基本要求。其具体内容、方法及所用材料、技术措施等则在本规范第6～10章中加以规定。下面择其需要说明者加以说明。

3.1.2 接缝是水泥混凝土路面的薄弱环节。这是由于接缝处是路面最容易和首先损坏的地方。接缝养护的好坏,直接影响路面的使用质量和使用寿命。

接缝的养护,最经常和不能忽视的工作是防止填缝料失效(脱落、挤出、老化、缺损)。也就是说,必须使填料保持良好的状况,以防止泥土、砂子、石子、水等进入接缝内。接缝中进入砂、石等杂硬物后会限制路面板自由胀缩,从而造成接缝碎裂、拱起等损坏;接缝中渗入水后,则导致路基软弱和唧泥、错台等病害。本条的规定主要是防止填缝失效,属日常性养护。至于整个路段路面填缝料失效引起的损坏和病害的处理,则属第3.1.6条的内容。

水泥混凝土路面的使用寿命一般为20～30年。而接缝填缝料的寿命则较短。因此,在路面使用过程中除了及时对接缝进行清缝、封缝外,尚应定期更换填缝料。

3.1.3 路面排水的维修养护和改善是公路养护体系的一个组成部分。国内外实践表明,路面过早的破坏几乎总是由于水渗入路面结构中而造成的。此外,由于降雨,路面积水较深而致交通阻塞或路面有薄层积水,行车时使轮胎和面层失去接触,从而使操纵失控,往往造成交通事故,因此,必须重视路面排水系统的养护,除在雨季中观察排水的流动状况外，还要经常疏通路面排水设施。

3.1.6 水泥混凝土路面的局部损坏，如不及时、有效地加以修补，往往会引起损坏的迅速发展。造成路面损坏的原因是多方面的，损坏的类型也是多样的(见第4章的规定和条文说明)。因此，对路面局部板块的损坏进行修补时，必须首先查明原因，然后针对其原因采取相应的技术措施加以处理(见第7章的规定和条文说明)。

3.1.7～3.1.8 水泥混凝土路面的破损状况，当采用日常养护和局部板块修补措施不能满足养护质量标准(见第3.2节的规定和条文说明)时，就需要考虑采取全路段或局部路段修复或改善的措施。至于路面承载能力不足或不能适应交通量发展要求的路段，一般根据工程规模大小、技术难易程度等情况，列为改建工程或改善工程。改建工程按基本建设程序办理，改善和修复措施，分别详见第8章和第9章的规定和条文说明。

3.2 养护质量标准

3.2.1 本条规定的水泥混凝路面养护质量标准是指这种路面在使用中的最低标准。亦即要求路面的维修养护大于(如:抗滑)或小于(如:平整度、相邻板高差)表3.2.1中的规定;否则采取技术措施，加以修理或改善提高。

表3.2.1中平整度仪和3m直尺 h 值系采用原《公路养护技术规范》(JTJ 073)的规定，并列出对应的国际平整度指数IRI值。构造深度、横向力系数和抗滑值，系按本规范表5.2.6路面抗滑能力评定标准加以规定的，对高速、一级公路，采用等级为“中”的低值，对其他等级公路，采用等级为“次”的低值。相邻板高差，系参照《公路工程质量检验评定标准》(JTJ 071)的规定，考虑养护与施工的要求有所不同，其值有所放宽。路面状况指数，由于规范第5章与原《公路养护技术规范》(JTJ 073)对评定等级的划分及其有关规定有所不同，故表中之值为本规范第5.3节养护对策中规定可采用日常养护、局部或个别修补措施的路面状况指数之低值，而未

采用原养护规范之值。此外,鉴于路面接缝的重要性,突出接缝的维修养护,表中将填缝料凹凸列为养护质量标准之一。

3.2.2 当水泥混凝土路面在使用中不符合表3.2.1规定的质量标准,而需要进行大、中修或改善时,其修复和改善工程的质量标准,理应高于表3.2.1的规定。鉴于修复和改善工程的情况较复杂,不宜硬性规定应达到的标准,故条文规定可参照《公路工程质量检验评定标准》(JTJ 071)执行。

3.3 养护材料要求

3.3.1 水泥混凝土路面养护维修所用的材料品种很多。各种材料的性质和技术要求也各异。本条从路面工作性能出发,对养护维修所用材料的要求做了共性、原则性的规定。需要指出的是:养护维修所用材料如果不正确、不合格,必然影响养护维修的效果,甚至导致路面状况进一步恶化。因此,条文规定对养护维修的各种材料应进行必要的试验,以保证养护维修的质量。在材料准备和养护维修过程中,均应按有关标准、规范、规程的规定对材料进行检验和试验,以改变以往对材料不加试验,“拿来就用”的状况。

3.3.2~3.3.3 常规材料主要指水泥、砂石、沥青、钢材、外掺剂等;专用材料主要指接缝材料、路面标线材料、修补材料等。各种材料技术要求应符合有关设计、施工规范及本规范附录A的规定。

3.4 养护机械配备

3.4.1~3.4.2 随着公路交通运输的迅速发展,公路里程日益增多,养护工作量越来越大,对公路的养护,特别是对高等级公路的养护提出了更高的要求,不仅要求提高养护质量,且要求维修快速、及时,最大限度地保障行车的安全和减少对行车的影响。其途径是公路养护维修实现机械化。

鉴于我国目前的实际情况,从公路养护总体上讲,只能逐步实现机械化,不断提高机械化程度。因此,对路面养护机械的配备,做了灵活的规定。对于高等级公路,养护机械化程度则应高一些。

提高机械化程度,增加机械的种类和数量是一个方面。另一个重要方面则是提高机械完好率(反映机械的技术状况和管理、保养情况的指标)和利用率(反映机械台班利用情况的指标)。要提高机械的完好率和利用率,就必须加强机械的管理和保养。为此,条文规定对机械的保养和维修应配备专业人员。

4　水泥混凝土路面病害类型和分级

路面病害通常用类型、轻重程度和发生范围三方面属性来描述。由于造成病害的影响因素错综复杂,表现的形态多样化,因而有必要对各种病害进行科学的分类,赋予明确的定义,以便有统一的调查和描述结果。病害的产生和发展有个过程,而不同发展过程对路面的使用性能有不同程度的影响,为此对各种病害按其特点和影响程度分别划分为 2 ~ 3 个轻重程度等级。

水泥混凝土路面的病害,可按损坏的特征和范围分为:断裂类、竖向位移类、接缝类、和表层损坏类 4 大类型。各种病害分别按相应的定义鉴别,按病害产生的轻重程度划分为 2 ~ 3 个等级,对病害出现的范围规定相应的量测指标和方法。

4.1　水泥混凝土面层断裂类病害

4.1.1　混凝土面层板出现贯穿全厚的断裂裂缝,板被分割成数块,从而破坏了面层结构的整体性,降低了路面结构的承载能力。按裂缝出现的方位和板断裂的块数,分为纵向裂缝,横向、斜向裂缝,角隅断裂,交叉裂缝和破碎板 4 种。

纵向裂缝大多出现在路基横向有不均匀沉降的路段。横向或斜向裂缝,通常由于重载反复作用、温度或湿度梯度产生的翘曲应用力或者干缩应力等因素单独或综合作用所引起。而在开放交通前出现的横向或斜向裂缝,则主要是施工期间锯切缝的时间安排不当所造成。角隅断裂通常由于表面水侵入,地基承载力降低,接缝处出现唧泥,板底形成脱空,接缝传荷能力差,重载反复作用等综合作用所引起。有裂缝板在基层和路基浸水软化及重载反复作用进一步断裂,便形成交叉裂缝和破碎板。

4.1.2 裂缝的发展有一个过程:起先出现发状短裂缝,随后裂缝长度逐渐扩展到全板长(或宽),缝隙逐渐张开,裂缝边缘混凝土逐步出现碎裂,裂缝的传荷能力不断降低到完全丧失。按照这一发展过程中,根据板结构整体性的破坏程度,也即裂缝传荷能力的丧失程度,将裂缝病害划分为3个轻重程度等级。

4.2 水泥混凝土面层竖向位移类病害

4.2.1 这类病害的路面出现较大的竖向位移,影响行车的舒适和安全,但混凝土面层板的结构整体性未遭破坏。沉陷是路面在局部路段范围内的下沉,主要由于路基填土或地基的固结沉降或不均匀沉降所引起。胀起是混凝土路面板在局部路段范围内的向上隆起,主要由于路基的冻胀或膨胀土膨胀所引起。

4.2.2 这类病害主要按其对行车舒适性和安全性的影响划分为三个轻重等级。

4.3 水泥混凝土面层接缝类病害

4.3.1 接缝是水泥混凝土路面的薄弱环节,出现病害的机率大,类型也多。由于施工不当(接缝筑做,传力杆设置)或养护不及时,而出现唧泥、错台、拱起、接缝碎裂、填缝料失效等病害。接缝类病害的发生范围虽然是局部的,但往往会引起板块出现断裂而使使用寿命迅速降低。

纵向接缝张开病害是由于在纵缝内未按规定要求设置拉杆,相邻车道板块在温度和横向坡度的影响下出现横向位移,使纵缝缝隙逐渐变宽。

唧泥和脱空病害是指板接(裂)缝或边缘下的基层细粒料被渗入缝下并积滞在板底的有压水从缝中或边缘处唧出,并由此造成板底面向基层顶面出现局部范围的脱空。接缝填封料失效、基层材料不耐冲刷、接缝传荷能力差和重载反复作用是引起唧泥的主要原因。

唧泥发生和发展过程中,基层顶面受冲刷细料被有压水冲积在进近板板底脱空区内,使接缝或裂缝两侧板面出现高程差,便形成错台病害。

由于接缝施工不当(包括传力杆设置不当)或者缝隙内进入不可压缩材料,邻近接缝或裂缝约 60cm 宽度范围内,出现并未扩展到整个板厚的裂缝,或者混凝土分裂成碎块或碎屑,这种损坏称作接缝碎裂病害。

拱起病害通常发生在春季和炎热夏季,横向接缝或裂缝处板块由于膨胀受阻而出现突发性的向上隆起,有时还伴随出现邻近板块的横向断裂。

4.4 水泥混凝土面层表层类病害

4.4.1 水泥混凝土面层表层类病害,包括磨损和露骨,纹裂或网裂和起皮,活性集料反应,粗集料冻融裂纹,以及坑洞。表层病害虽然仅影响板面层,但对行车的影响较大,并且难以修复。

磨损和露骨主要是由于行车荷载的反复作用,当然材料性质也是影响混凝土耐磨性的一个重要因素。混凝土面层表面水泥砂浆在车轮反复作用下被逐渐磨损,沿轮迹带出现微凹的表面。长期磨损使表层砂浆几乎全部磨去,粗集料外露,并且部分粗集料被磨光。

纹裂或网裂是在混凝土板表面出现的一连串细裂纹。起皮是板上部 3 ~ 13mm 深的混凝土出现脱落。这类病害主要是由于施工或材料的原因所造成的。

活性集料同水泥或外加剂中的碱产生碱—硅或碱—碳酸反应,出现膨胀,从而破坏水泥基层,引起类似于网裂但较一般网裂要深的开裂。

粗集料冻融裂纹,是在混凝土表面接近纵横向接缝、自由边边缘或裂缝外出现的许多密布的半月型细裂纹,裂纹表面常有氢氧化钙残留物,使裂纹周围变成暗色,并最终导致接缝或裂缝 0.3 ~ 0.6m 范围内的混凝土崩解。这种病害是由于某些粗集料的冻融膨胀压力所造成的,通常先从板的底部开始崩解。

由于冻融或膨胀,粗集料从混凝土中脱落出而形成坑洞,其直径约为 3 ~ 10cm。出现个别坑洞,不作为病害。

4.4.7 除了上述各类病害外,还可列出一种修补损坏。它一方面反映了路面损坏和养护的历史——对出现各种病害的维修情况,另一方面也反映了修补后的使用情况——出现新的损坏。

5　水泥混凝土路面状况调查和评定

5.1　路面状况调查

5.1.1　对于各级公路养护管理部门,路面状况调查和评定具有不同的目的和用途。省、市级公路管理机构的主要任务是了解和掌握管辖范围内路面状况的总貌,以制定养护政策,分配养护资金,规划改建和大、中修工程项目。因而,对路面状况的调查和评定,偏重于全局的和宏观的了解,可采用抽样的数据采集和集成的评价指标。县乡级公路管理机构负责执行路面的养护和维修工作,须对路面状况和养护工作需求有具体了解和掌握,以便对需采取养护措施的地点和时间,所需的劳力、机具、材料和资金作出计划安排,因而,路面状况的调查便要求细一些。

5.1.2　路面的使用性能,主要包含四个方面,即破损状况、结构承载能力、行驶质量和抗滑性。然而,针对不同的调查目的,所需进行的调查内容和调查频率不尽相同。对于各种调查目的,路面破坏状况大多都要进行,但调查的深度和或细度上有差别。结构承载能力的调查,一般在需要作改建设计时进行。平整度和抗滑性能的测定,可先在公路投入使用的初期全线进行一次,而后则视路况变化情况,主要针对出现问题的路段进行。

5.1.3　路面破损状况调查,目前大多采用目测确定病害类型和轻重程度等级,简单仪具量测和记录出现范围的方法。先进的摄像和图像识别方法,目前尚未达到实用阶段。各种病害,无论是长度的(如各种裂缝)还是面积的(如沉陷、磨损、网裂等),都以出现该种病害的板块数计量。对于某些接缝类病害,如错台、纵向接缝张开和填缝料损坏，出现该种接缝病害的相邻板块，仅以 1 块板计量；而对于出现唧泥病害的接缝，按 2 块板计量，但同一块板的其它接缝也出现唧泥时，其他缝仅按 1 块板计量。

供网级路面管理系统用的破损状况调查数据，可采用抽样调查方法。先将路网划分为若干条相仿的均匀子路段，每个子路段内按 10%左右的规模抽样。但为了确定养护和改建工作量而进行的破损状况调查，则应对整个路段进行逐块板的破损状况调查。

5.1.4 为改建设计而进行的结构承载能力调查，须测定各结构层的厚度、模量或(和)强度、接缝的传荷能力、板底脱空情况以及结构的承载力。调查可以采用无破损测定方法，或者无破损和破损相结合的方法进行。无破损测定，包括采用落锤弯沉仪测定路面表面的弯沉曲线、接缝传荷能力、板底脱空情况和反算结构层的模量以及雷达测定结构层的厚度。也可采用贝克曼梁(长杆)或承载板法测定板面弯沉值后，反算基层顶面回弹模量。破损测定则为钻取各结构层的试样，进行厚度以及室内劈裂强度和模量的测定。通常，采用无破损同破损测定相结合的方法，可以得到较好的分析和评定结果。

5.1.5 平整度测定的仪器和方法很多，主要有断面类和反应类两大类。前者有静态纵断面测定(如水准仪高程测量、梁式断面仪等)和动态纵断面测定(如惯性断面仪、不接触式纵断面仪等)，后者则有颠簸累积仪等。各种方法所采用的平整度指标也不尽相同。因而，各种测定结果的可比性较差，并且概念上也很混淆，给评定工作带来困难。为此，选用一个通用的国际平整度指数，并通过标定试验建立不同仪器的测定结果同国际平整度指数间的相关关系方程，以便将不同指标表示的测定结果转换为以统一的指标表示。

5.1.6 摩阻系数测定结果反映路表面的低速行驶时的抗滑能力，而构造深度测定结果则反映路表面在高速行驶时的抗滑能力。摩阻系数的测定仪器和指标也有多种。摆式仪的测定结果，变异性大，代表性差，但由于其它测定方法的仪器设备需要较大的投资，摆式仪仍为国内常用的摩阻系数测定方法。

5.2 路面状况评定

5.2.1 路面状况评定的主要目的是为了对路网内的路面状况及其对使用要求的适应程度有一个总体的评价。在此基础上,可制定养护政策,安排养护工作项目的优先次序,确定需进行大中修和改建的项目。

路面破损状况评定采用两个指标。路面状况指数(PCI)是一项综合性评价指标,它反映调查路段包括各种损害在内的路面总破损状况,也即反映病害的三方面属性(类型、轻重程度和范围)对路面状况影响程度的综合度量指标。PCI 以百分制计量,对不同病害的类型、轻重程度和范围规定不同的扣分值,按路段的损坏状况累计其扣分值后,以剩余的分值表示路面的破损状况,评价其完好程度。

各种病害类型、轻重程度和范围的扣分值,可通过由有经验的养护技术人员组成的评分组,对一些典型病害的路段进行评分,统计分析其评分结果后建立。表 5.2.1 中的系数值和式(5.2.1-3),即是由整理评分结果后得出的。各地可自行组织评分组,建立适合本地使用的扣分表。

由于各种病害的破损密度变动范围较大,采用列表形式时,因受篇幅限制而不可能列出许多种密度的扣分值。因而本条采用公式形式表示,以避免查用时插值。同时,这些公式和系数值表都存放在计算软件内,不必手工计算。

5.2.2 由于水泥混凝土路面最主要的病害是各种断裂,它们对结构承载能力和使用性能的影响最大,也对养护对策的选择影响很大,因而从各种病害中专门引出一个反映路面结构性破损状况的断板率指标(DBL)。

5.2.3 路面破损状况、行驶质量和抗滑能力,都按 5 个等级进行评定。它们反映了路面状况满足使用要求程度,也反映了需要采取的养护对策的水平。若路面状况指数或断板率等级不一致,取较低等级。

5.2.4 《公路水泥混凝土路面设计规范》第9章中，对于通过承载板弯沉试验和钻孔试件强度试验得到的测定结果计算设计参数的方法，作了规定。参照这些规定，并按该规范中规定的设计方法，可以评价路面的结构承载能力，并设计加铺层。

5.2.5 路面行驶质量，也即行驶舒适性，同路表面的不平整度、车辆的动态响应以及乘客对舒适性的要求和对行车颠簸的接受能力有关。乘客对行驶质量的评价，往往从各自对舒适的要求和对颠簸的接受能力出发，带有主观性。因而，可以由有代表性的人员组成的评分组对不同平整度的路面段进行评分试验，统计分析评分结果，并与相应路段的路面平整度测定值建立相关关系。利用此关系式，便可依据路面平整度测定结果评价路面的行驶质量。式(5.2.5)即为按此方法建立的一个关系式，行驶质量指数RQI数值范围为0~10，如出现负值，则RQI值取0，如计算结果大于10，RQI取10。可供参照使用。

5.3.1~5.3.4 路面状况评定等级，应与需采取的养护对策水平相适应。养护对策水平，可简分为日常养护、局部或个别板块的修补、全路段的修复或改善等。对于路面破损状况评价属于优和良的路线，一般仅需进行日常养护或者局部或个别板块修补措施。而路面破损状况评价属于次和差的路段，视公路等级需选择部分和全路段养护对策。

对于需采取日常养护、局部或个别板块修补对策的各种病害，表5.3.1列示了相应的具体养护对策，供选用时参考。

行驶质量和抗滑能力评定等级为中及中以下(高速公路及一级公路)，或者次及次以下(二级公路及二级公路以下)的路段，需采用全路段修复或改善措施。在该路段因破损状况评定等级低而需采取全路段修复或改善措施时，则行驶质量或抗滑能力评定等级低的情况便会因该路段得到养护改善而自动消失。

5.3.5 路面结构强度不足而需铺筑加铺层，属于改建的范畴。可参考有关设计和施工规范进行加铺层的设计和修筑。

6 水泥混凝土路面日常养护

6.1 一般规定

6.1.1 水泥混凝土路面的特点是在养护良好的条件下,使用年限比其他路面长。但如疏于日常养护,一旦开始破坏,会引起破损迅速发展,且修复困难。水泥混凝土路面破损的发生,可分为外界因素、设计缺陷、施工缺陷以及各种因素互相影响而引起的。因此,必须认真检查,查明原因,采取针对性治理对策,进行及时有效地养护,才能发挥水泥混凝土路面使用寿命长的优点。

据英国水泥混凝土路面《养护和维修手册》(英国运输部和水泥及混凝土国会共同出版 1986 年版)指出,水泥混凝土路面检查的最佳时间是从初冬到初春的寒冷季节。因为,路面的损坏处冬季最明显,这时接缝和裂缝都最宽。同时还可以在气温较好的温暖季节里安排必要的养护和维修工作。

6.1.4 根据《公路养护工程分类范围规定》(交公路发〔1994〕1268 号文发布),"混凝土路面面板的局部修理"划入小修保养范围,应属日常养护内容。为了保持水泥混凝土路面外观及使用功能的一致性,采用沥青混凝土修复水泥混凝土路面的局部破损,仅作为日常养护的过渡性措施。由于局部破损维修方法编入本规范第 7 章,因此局部修理按本规范第 7 章执行。

6.2 清扫保洁

6.2.1 路面清扫保洁是水泥混凝土路面养护的一项日常工作。条文针对不同的对象提出了相应的要求。其中对路面、中央分隔带提出定期清扫(除)的要求,清扫频率按本章 6.2.2 条要求确定。

不同类型路面连接处及平交道口容易污染,因此要求勤加清扫,即清扫频率要高于路面和中央分隔带。路面上的小石块在行车碾压下容易破坏路面和嵌入路面接缝,同时还会造成飞石伤人,因此应予以清除。

6.2.2 由于客观条件不同,各路段所受到的污染程度不同,因此应分路段确定清扫频率。

水泥混凝土路面是高级路面,往往承担了较大的交通量,应该提高清扫作业效率。同时水泥混凝土路面较之沥青路面清扫更有利于实行机械作业。因此应逐步实现路面清扫作业机械化。

6.2.3 此条主要是为了环境保护,保障交通安全,同时保障正常的交通秩序而规定的。

6.2.4 “指定地点”可以是当地行政管理部门指定,也可以是养护管理部门自己确定的地点,关键是“不得随意倾倒”以免污染路容,堵塞边沟,污染环境。

6.2.5 油类物质或化学药品污染路面后,可能对路面混凝土造成破坏,还会降低路面摩擦系数,危害交通安全,因此应清洗干净,对于高速公路更应如此。

6.2.6 交通标志、标线是整个公路景观的组成部分,也是交通安全的必要保障,应分别做到定期擦拭和及时清扫(洗),保持整洁、醒目。对于反光标志应注意观察和清洗,防止因污染而降低其反光性能。

6.2.7 条文中限定“局部脱落、破损”是考虑到大面积的损坏不属于日常保养的工作。“应用原材料进行修复或更换”,主要是为了外观的一致性,以保证整体效果。若进行一个路段的更换(更新),提高原制作水平和标准,可不受此限制。

6.3 接缝保养及填缝料更换

6.3.1 接缝是水泥混凝土路面特有的构造,接缝的好坏直接影响路面的使用寿命。水泥混凝土路面的接缝可分为纵缝、横缝两大类。纵缝又可分为纵向缩缝和纵向施工缝;横缝又分为横向缩缝、胀缝和横向施工缝。以上两大类接缝都属于接缝保养的范畴。

填缝料凸出板面的,规定与错台的要求一致,其原因是考虑到填缝料凸出板面后造成的路面不平整特征与错台相似。

气温较高时混凝土板膨胀,如填缝料本身压缩性能及热稳定性差,就容易发生填缝料外溢甚至流淌到接缝的两侧板块的表面,影响路面平整度和路容。

杂物嵌入接缝中,会使接缝失去胀缩作用,从而使面板产生拱胀及断裂。尤其是石子嵌入时,使接缝处板端应力集中,以致接缝(特别是胀缝)附近的混凝土板块挤碎。

6.3.2 填缝料的更换周期,主要取决于填缝料自身的寿命与施工质量,以及路面条件。条文中"更换周期一般为2~3年"的规定是从我国目前填缝料研制的状况提出来的。之所以要作出规定是强调水泥混凝土路面在使用中应定期更换填缝料。美国、英国的"养护手册"都提出了周期或寿命的要求。填缝料的日常更换是指对填缝料局部脱落、缺失、损坏的填补和更换,是一项经常性的养护工作。

填缝料脱落、缺失大于三分之二缝长的要求源于《公路养护技术规范》(JTJ 073)表3.4.6"水泥混凝土路面损坏分类分级"标准,当"2/3缝长出现损坏,水和杂物可以自由进入,需立即更换填缝料"。提出整条接缝填缝料的更换,主要是考虑到周期性养护的方便。

6.3.3 清缝是否干净关系到更换填缝料后路面的使用质量。手工清缝、灌缝效率较低。条文中提出"清缝、灌缝宜采用专用机具"既是为了保证质量,同时也是为了提高工作效率。

填缝料灌注深度的要求源于《水泥混凝土路面施工及验收规范》(GBJ 97)的规定。设置垫底材料或支撑条的做法,主要是为了在保证路面正常使用的条件下,尽量节约填缝料以求经济实用。美、英两国的"养护手册"都提出了设置垫底材料(支撑条)的做法。

填缝料的灌注高度及更换时间要求均出于对热胀冷缩这一规

律的考虑。《美国路面修复手册》(美国联邦公路管理局 1988 年出版)提出,“填缝工作一般由养路工在春秋季节实施”,“最理想的填缝时间是当地气温居中的时间段内或遵照生产厂家的建议”。

6.4 排水设施养护

6.4.1 公路排水设施是一个系统,不仅仅涉及路面,只有排水系统功能完善才能解决好排水问题,因此,提出了排水系统功能方面的要求。

根据《公路水泥混凝土路面设计规范》(JTJ 012),“高速公路和一级公路的路面排水,一般由路肩排水、中央分隔带排水和路面表面渗入水的排除等部分组成”。“其他各级公路的路面排水,由路面横坡、路肩横坡和边沟排出”。因此,本章所指的排水设施养护对象即包括以上各种排水设施。

6.4.2~6.4.3 排水设施检查是公路养护检查的一项重要工作,除应按《公路养护质量检查评定标准》(JTJ 075)的要求组织例行的检查外,还应进行专项的检查,其目的是为了发现问题,及时排除堵塞、积水,保证公路畅通,交通安全。超高路段设置有中央分隔带的地方,容易出现排水不畅,堵塞积水的现象,所以是雨天检查的重点。雨天检查应包括雨前、雨中、雨后的检查。

6.4.4 由于水泥混凝土路面的路肩大部采用硬化处理,为保持外观及使用质量一致性,要求“采用相同材料”修复。土路肩应定期培路肩,填补路肩缺口。

6.4.5 当路面两侧是沥青路面时,在使用和维修过程中容易出现沥青路面等于或小于水泥混凝土路面横坡的现象,这样不光沥青路面容易损坏,也给水泥路面排水带来不利,因此,在养护中应始终保持沥青路面横坡大于水泥混凝土路面横坡。

6.4.6 对于硬路肩,在维修时应做到路肩横坡大于路面横坡,对于土路肩,当土路肩高于路面且排水不畅时,可通过铲路肩来保持。

6.4.7~6.4.8 封闭路面上各种裂缝、处理好路面接缝、路肩接缝等是排除路面表面渗水的重要条件,因此,应进行缝隙封闭。同时宜对土路肩进行加固,以防止混凝土板同路肩的交界面处路表水的渗入、浸蚀板边缘下的基层、垫层和路基。

6.4.9 路肩排水设施、中央分隔带排水设施的划分及要求参照《公路水泥混凝土路面设计规范》(JTJ 012)、《公路路基设计规范》(JTJ 013)编写。

6.5 冬季养护

6.5.1 冰雪路段冬季养护的含义是指冰雪期间的养护。各地区应根据当地气候条件确定冬季养护期。同时要突出重点,保证交通安全。

对于冰雪路段,加强路基的养护是非常必要的。养护的重点是保证路基排水畅通,同时保持边坡完好,以利融雪水顺利流到坡脚之外,这对防止道路冰害将起到良好作用。由于本规范限于路面养护,故路基养护内容未列入条文。

6.5.2 对于高速公路以及冰雪期较长路段的养护管理部门,应加强与气象部门的联系,广泛收集气象资料,作好降雪预报。同时应配备专门的除雪除冰机械。冰雪期前应做好人员的培训,并将除雪机械设备维修好,储备必要的配件、融雪剂、防滑料。

6.5.3 除雪作业分为新雪除雪、压实雪处理。提出“除雪作业以清除新雪为主”主要是为了提高养护作业效率,以较快的速度清除积雪,防止路面积雪被压实,从而达到维持交通的目的。提出“除冰困难的路段应以采取防滑措施为主”也是出于同一目的。

6.5.4 路面冻结的因素主要有:压实雪由于温度低,冻结在路面上;融化的雪水由于低温结冰;初冬和冬末由于降雨后温度低引起冻结等。

就目前我国的情况来看,防冻,防滑的主要材料是砂和盐。应将盐的洒布量限制在表 6.5.4 给定的范围内,这样混凝土路面将不会产生大的损害。

防冻防滑料施撒时间,主要根据气象条件采取巡查的办法掌握第一手资料来确定。有条件的地方可通过路面温度监测器获取资料确定。

6.5.5~6.5.6 在冰雪消融前后清除积雪和清除残留物均是保护路面和保证路面正常使用的措施。因为盐对绿化植物有危害,因此本规范作了专门规定。

7 水泥混凝土路面破损处理

7.1 裂缝维修

7.1.1 水泥混凝土路面板裂缝缝隙小于3mm且边缘无碎裂现象,适用于直接灌浆。

直接灌浆材料,宜采用聚氯乙烯胶泥、焦油类填缝料、橡胶沥青等加热式施工填缝料或选用聚氨脂焦油类,聚氨脂类常温施工式填缝料,沟槽深度不得超过2/3的板厚是为了防止冲击或车辆行驶时对面板造成全厚度裂缝。

7.1.2 条带补缝适用于混凝土面的板贯穿全厚的缝隙大于3mm,小于15mm的中等裂缝。

根据贯穿面板全厚度裂缝的宽度大小,顺裂缝两侧可采取低限15cm或高限20cm,且平行于缩缝进行切缝。

采用直径16mm螺纹钢筋做长20cm,弯钩长7cm的钯钉是根据美国路面修复手册及国内江苏省交通厅公路局修复水泥混凝土路面的经验确定的。

条带补缝如果不是因基层产生的裂缝,也可以采取灌浆处理。

水泥混凝土路面养护亦可采用铺草袋,洒水的养护方式。

7.1.3 对于水泥混凝土板块裂缝宽度大于15mm,错台大于12mm的严重裂缝应采取全深度补块。有条件的地方,应采取设置传力杆法。

集料嵌锁接缝适用于二级公路无筋混凝土路面的接面交错的接缝内,而且接缝的间隔要小于300~450cm,不适用于寒冷气候和承受重型交通荷载下的刚性路面。

刨挖法，即“倒T型”法。由于这种设计缺乏水平边连系的接缝系统，因此只能在每条缝的一侧提供荷载传递。

设置传力杆对承受重型交通荷载的混凝土路面来讲，提供了必要的荷载传递，可以减轻重型交通对板的压力。

7.2 板边、板角修补

7.2.2 水泥混凝土路面板角断裂是较为普遍的一种病害，它产生原因之一是施工时角隅部分振捣不密实。因此，这部分混凝土抗拉强度受到影响，其病害往往多出在纵横缝的交叉部分。如果是全板厚的板角断裂，则土基或基层必然受到破坏，所以，应用强度C15号混凝土进行浇筑。

7.3 板块脱空处治

7.3.1 确定板块脱空的方法，国内外普遍采用弯沉测定法，也可以在现场，当载重车通过板时，根据混凝土板是否垂直位移和发生“咚咚”响的脱空声音，来判断板块是否脱空。

混凝土路面板块弯沉测定应采用5.4m长杆弯测仪，BZZ－100标准轴载检测车。弯测仪测点与支点应放在交叉板块上。

在《美国路面修复手册》中，凡弯沉值超过0.635的，应确定为板块脱空。根据我国公路修建状况和检测仪器的实际情况，专家们推荐凡弯沉值超过0.2的，应确定为板块脱空。

7.3.2 灌浆孔的布设应根据路面板的情况及灌浆机械确定。灌浆孔与面板边的距离不应小于0.5m和在一块板上灌浆孔的数量一般为5个，是根据经验而定，若孔距横缝或孔间距离过短，易破坏面板的整体强度。

7.3.3 亦可采用水泥粉煤灰灌浆法，其操作方法与水泥灌浆法相同。

7.4 唧 泥 处 理

7.4.1 水泥混凝土路面唧泥病害，采取压浆处理是因为唧泥现象的产生的同时,面板就会出现不同程度的脱空,为使面板脱空面积不再扩大,致使面板断裂、破裂,所以必须及时进压浆处理。

7.4.2 水泥混凝土面板进行压浆处理后,对面板脱空进行了充填,但对面板下细小的间隙很难达到充实,如果对接缝不及时灌缝,地面水一旦渗入基层,经车辆行驶一段时间,仍会出现唧泥现象,所以对面板的接缝及时灌缝,是防止唧泥的有效方法。

7.4.3 设置排水设施是弥补因设计、施工或基层材料选用的不合理,致使面板的纵横缝产生唧泥病害的一种有效的措施。

挖地下排水沟时,横沟与纵沟的交角限制在 45°~90°之间是为了便于清理管内杂物。横沟间的距离根据经验一般为 30m 左右,如果在竖曲线底部一段,也可适当加密,若排水量很少,也可放宽横沟的距离,应视排水量的多少而定。

设置盲沟时,在两种路面接缝处挖纵向盲沟,是因为在接缝处渗水量最大,其他部位的水,在行车的作用下,也被挤压到接缝处。

7.5 错台处治

7.5.1 高差小于 12mm 的轻微错台,采用磨平法较为经济,且对面板的强度影响不大。

7.5.2 错台用切削修补,切削部分一定要保持原设计坡度,所以,修补的长度应按错台高度除以坡长计算。

根据错台量和面积大小,可采用沥青砂填补,它的优点是施工方法较为简单,费用较低,其缺点是外观与原路面颜色不一,不够美观。

沥青砂填补前,宜喷洒乳化沥青,因为乳化沥青的渗透性比热沥青好,沥青用量为 0.4~0.6kg/m^2 是根据经验而定。

修补面纵坡控制在 $i \leqslant 1\%$ 是为了保证路面的平顺性。

7.6 沉陷处理

7.6.1 同本规范条文说明第 7.4.3 条

7.7 拱起处理

7.7.1 水泥混凝土板的拱起有高有低，拱起愈高，拱起端两侧的拱起板愈多，因此，将拱起面板切除的数量，应视面板拱起的高低程度而定，这样才能有效达到释放应力的作用。根据国内外经验，横缝切宽不应大于5cm，横缝切宽过大，易产生错台或板角断裂。

7.8 坑洞修补

7.8.1 当水泥混凝土路面产生较大的坑洞或坑洼不平连成一片时,应将这些病害集中起来,划为一个施工面,进行罩面处治。

为使罩面层承受足够的压力和与旧混凝土粘结牢固,故切割机切槽时要切成5cm以上的深槽,并在罩面施工前要在坑面上刷一层粘结剂。

7.9 接缝维修

7.9.3 高模量补强材料按本规范附录A路面修补材料技术要求配制。当纵缝宽度达30mm以上时,可在纵缝两侧横向锯槽并凿开,槽间距60cm,槽宽5cm,深度为7cm，要设ϕ12螺纹钢筋钯钉,钯钉在老混凝土路面内的弯钩长度为7cm,纵缝内部和凿开部位以同标号水泥混凝土填补,纵缝一侧涂沥青。

7.10 表面起皮(剥落、露骨)处治

7.10.1 混凝土板表面起皮(剥落、露骨)宜采用稀浆封层加以处治。

在普通稀浆封层技术的基础上,一些发达国家又成功地发展了改性稀浆封层新技术,开始用高分子聚合物对普通乳化沥青材料进行改良,并把这种改良乳化沥青稀浆封层称为“表面精细的处置。”(microsurface),国内称为改性稀浆封层。这种技术不但提高

了材料性能，而且可以达到缩短封闭交通时间的目的。

稀浆封层施工前将表面起皮的浮层凿除，并清扫干净，然后洒少量水将凿除板面湿润，待无积水时方可进行施工，是为了使稀浆封层的混合料与凿除的混凝土板结合更加牢固。

8　水泥混凝土路面改善

8.1　水泥混凝土路面表面功能恢复

8.1.1　沥青磨耗层主要用于水泥混凝土路面大面积的磨光、露骨、脱皮的处治。要求水泥混凝土路面板必须稳定，表面清洁、干燥，以保证水泥路面与沥青路面层间结合牢固。沥青层施工温度应控制在10℃以上，尽可能采用改性沥青，以提高沥青路面的抗裂性能。

采用稀浆封层施工时，应选用慢裂快凝型改性乳化沥青，既可以缩短交通管制时间，又能提高路面的使用功能。

改性沥青稀浆封层的施工程序与普通稀浆封层基本相同，其不同点在于：

1　必须使用改性稀浆封层机。

2　摊铺前应在老路面上洒一层粘结剂作为粘层油，以保证层间的良好粘结。

3　改性沥青稀浆混合料（ARL材料）摊铺后，固化时间短，一般在30min以内即可通车。

8.1.2　对局部板的露骨、脱皮可采用水泥混凝土罩面。水泥混凝土罩面宜采用结合式，为便于新老混凝土结合，应将老混凝土凿毛，清洗混凝土毛面，涂刷界面粘结剂，浇筑早强无收缩小石子混凝土。为防止新老混凝土分离，不宜采用真空吸水施工。因为真空吸水易对现浇混凝土层产生负压，使新老混凝土出现分离，不利于新老混凝土之间的粘结。

8.1.6　刻槽机对水泥混凝土路面磨光处治效果较为显著。由于老混凝土强度较高，刻槽机的刀片磨损较严重，养护费用较高。对位于陡坡、急弯路段的水泥混凝土路面可采用刻槽的方法提高路面的抗滑能力。

8.2 水泥混凝土加铺层

8.2.1 对旧混凝土路面病害调查是水泥混凝土路面维修的重要环节,必须认真仔细,逐块调查,做好记录、绘制平面图,以便制订相应的维修对策和修补措施。

8.2.2 沥青砂隔离层主要起到新旧混凝土板之间的过渡作用,以减少反射裂缝的影响。由于沥青连结层较薄(一般 1 ~ 2cm),为了不损伤旧混凝土板,且保证连结层碾压密实,应采用轮胎式压路机进行碾压。

8.2.3 水泥混凝土加铺层分为结合式,直接式和分离式三种类型,结合式加铺层较薄(一般不小于 10cm),但旧混凝土板要凿毛,施工难度较大;分离式加铺层施工方便,对混凝土面板尺寸没有严格要求,但加铺层较厚(一般不小于 18cm);直接式加铺层介于结合式与分离式二者之间,施工较为简单,旧混凝土板表面不要凿毛,进行清洗即可,但要求新旧混凝土板尺寸大小一致,伸缩缝位置一定要上下对应,以免出现反射裂缝,直接式混凝土加铺层板厚一般不小于 14cm。结合式混凝土加铺层适用于罩面,直接式加铺层适用于提高旧路的承载能力,分离式加铺层适用于旧路加宽、加厚。

水泥混凝土加铺层应按《公路水泥混凝土路面设计规范》(JTJ 012)进行设计计算。水泥混凝土加铺层施工应尽可能采取机械化施工,全幅一次摊铺,若采取半幅施工,必须固定好中模,以保证水泥混凝土板的宽度符合设计要求。

8.2.4 钢纤维混凝土路面适用于桥面,桥头引道、城市道路等标高受到限制的路段。钢纤维混凝土路面板厚设计应按照《公路水泥混凝土路面设计规范》(JTJ 012)进行计算。钢纤维混凝土施工过程中必须防止纤维结团,在制备钢纤维混凝土时,要采用振动筛;或采取分级投料,采用先干拌后湿拌的工艺,以防止钢纤维结团。在钢纤维混凝土摊铺过程中一旦发现钢纤维结团应立即取出，以避免混凝土形成孔洞，影响混凝土强度。

8.3 沥青混凝土加铺层

8.3.1 沥青混凝土加铺层要求旧混凝土路面必须稳定，否则将很快反映到沥青面层，导致路面的破坏。

8.3.2 迄今为止，国际上对反射裂缝的问题还没有真正解决。现有的防治反射裂缝的措施只能延缓反射裂缝的发生。目前国内防治反射裂缝常用的做法有：

铺设土工格栅，铺贴土工布，粘贴改性沥青油毡，切缝加灌接缝材料，设置半刚性基层。

1 对于混凝土板损坏面积较大可采取铺设土工格栅。宜选用玻璃纤维土工格栅，玻璃纤维格栅耐高温性能好，摊铺热沥青混凝土不会产生变形。铺设格栅前，旧混凝土路面必须用沥青砂调平，以避免格栅下方形成脱空，造成沥青路面损坏。在摊铺沥青层时严禁汽车在土工格栅上调头，以防碾坏土工格栅。

2 对混凝土面板损坏较少，可使用改性沥青油毡。要求水泥混凝土路面板表面必须干燥，清洁。油毡接头部位要搭接20cm，油毡烘烤至熔融状态时要立即压实，以利油毡粘贴牢固。禁止车辆在油毡上行驶，沥青混凝土摊铺前要在油毡上摊一层沥青砂，以防油毡脱落。

3 采用土工布时应选用薄型、带气孔，有毛面的土工布。

要求水泥混凝土路面必须用沥青砂调平，在路面上喷洒粘结沥青。贴土工布时要将光面向下，充分保证在正常施工条件下与热沥青粘结，毛面朝上，以便粘层沥青向上渗透，确保土工布与沥青混凝土粘结拉紧铺平，若发现土工布有重叠、气泡等现象，应立即拉平、贴牢。

4 对于没有使用土工织物夹层处理的沥青混凝土罩面层，可采用切缝加灌接缝材料的方法。在铺筑于旧混凝土路面上的沥青罩面层上，沿原路面伸缩缝位置进行锯缝，并加灌接缝材料有效地密封,既可防止水或异物进入,还可为释放罩面层内的应力提供一个平面。

1)在路面边缘准确地标明旧接缝的位置,使罩面层上的锯缝对准旧缝。由于下幅板在温度应力影响下会发生位移,新接缝务必在产生反射裂缝前锯出,切缝宽度为5mm,缝深为沥青层厚度的1/3,且不小于1.5cm。

2)在罩面层锯缝完成后及在开放交通之前尽快填入以沥青为基料的高弹性接缝材料。这样可减少出现不规则的反射裂缝和避免反射裂缝处发生变形和剥落。

8.4 水泥混凝土路面加宽

8.4.1 为提高行车通过能力,需要加宽水泥路面。当硬路肩宽度不足,应拓宽路基。为防止路基的不均匀沉陷而导致路面板断裂,应严格按照《公路路面基层施工技术规范》(JTJ 034)的规定进行施工。

8.4.2 新加宽的基层材料应与原路面基层材料相一致。为防止由于新路基的压缩沉陷而造成路面板下沉,新路基标高应略低于同一断面旧路基标高。新旧路基横坡应相同,以保证路面基层的排水。

8.4.3 混凝土路面加宽宜在稳定的路面基层上,采用两侧相等加宽。对两侧不相等加宽的路面如差数超过1m,须进行调拱。在弯道上加宽应设置超高。加宽的混凝土面板的强度、板厚、横缝必须与原混凝土面板相一致。由于加宽部分的混凝土面板较窄,不便采用大型机械,应选用小型机具施工。为增强加宽部分与原混凝土板的连接,须用冲击电锤打水平孔,安装拉杆。

9 水泥混凝土路面修复

9.1 整块面板翻修

9.1.1 局部板块旧混凝土凿除必须采用液压镐,以免影响相邻板块。

9.1.2 基层损坏部分应予清除。由于局部修补面积较小,基层难以碾压,可采用 C15 贫混凝土进行补强,基层标高应与原基层顶面标高相同。

9.1.3 在进行混凝土板块维修的同时增设排水设施,应在面板横向缩缝处,设置横向盲沟,以免路基积水。

9.1.4 由于局部修补面积较小,混凝土施工应采用快速修补材料,以减少交通管制时间。宜采用可移动的强制式搅拌机,在施工现场拌和混凝土,减少混凝土的运输时间。

9.2 部分路段修复

9.2.2 较长路段的路基处理可采用压路机碾压,用二灰碎石进行基层补强。压路机上下路槽应设过渡装置,以免压坏接头板块。

9.2.3 在路面板翻修过程中应设置纵向盲沟。在坡脚应间隔 5m 连续设置三道横向盲沟,以便将纵向盲沟的积水排出。

9.2.4 在路面基层上做一下封层,有利于提高路基的水稳性。在新旧混凝土接头处安设传力杆和拉杆,可使新老混凝土板形成整体,以提高混凝土路面的传荷能力。

9.2.5 在新旧混凝土交接处设缝,可避免出现不规则的接缝。

9.3 旧水泥混凝土路面再生利用

9.3.3 在旧水泥混凝土板破碎前必须标明地下设施的位置,以避免损坏地下构造物。

凡曾用沥青材料修补的部位要将沥青材料清除干净，以便旧水泥混凝土板再生利用。在新旧水泥混凝土板块接头处应用液压镐破碎，以免损伤相邻老混凝土板。在构造物上方严禁用冲击锤破碎混凝土板块，以确保构造物的安全。

旧水泥混凝土集料制备时首先应对旧水泥混凝土板进行检查，当水泥混凝土路面板破坏不属碱集料反应，旧混凝土中的碎石满足强度大于3级的要求，则可对老混凝土板进行再生利用。旧混凝土再生集料的最大粒径控制在40～20mm。因小于20mm的细料强度达不到要求，而且吸水性较强，影响混凝土的和易性，故不予采用。

由于水泥石比重轻，孔隙多、强度低、只能采用轧碎的水泥石作为粗集料，选用新碎石作为细集料，并掺入一定量的Ⅱ级干粉煤灰改善其和易性。

9.3.5 首先在旧水泥混凝土路面两侧设纵横向排水沟，使水泥混凝土路面处于干燥状态。

由于冲击锤冲击能较大，在大面积破碎混凝土板时，为提高工作效率宜采用冲击落锤对旧混凝土板进行破碎。冲击锤的落点间距应为30cm，宜交错排列，以便将旧混凝土面板破碎均匀。

用水泥砂浆灌入板块裂缝内，以便填充混凝土块缝隙。用重型振动压路机进行振动碾压，以便旧混凝土板块嵌锁形成一整体。对软弱松动的碎块应及时清除，并用C15贫混凝土填补，形成复合地基。

在混凝土复合基层上做半刚性基层，可提高路基强度和平整度，避免产生反射裂缝。

半刚性基层的结构厚度应通过路面结构设计确定。沥青路面结构层厚度应按照《公路沥青路面设计规范》(JTJ 014)确定。

10 水泥混凝土预制块路面养护与维修

10.1 水泥混凝土预制块路面常见病害

水泥混凝土预制块路面是采用平面尺寸较小(一般为 40cm×20cm),而抗压强度较高的块料紧密铺砌而成,砌缝间填扫砂粒,嵌满缝隙,形成嵌锁力,防止块料位移,同时使块料间得以传递荷载。它是一种用刚性块料铺筑而成且具有柔性路面的特点,既有混凝土路面的耐久性,又有施工完成后即可开放交通的优点,而且维修方便,可用于水泥混凝土路面与桥梁连接路段、码头道面、停车场和人行道。

水泥混凝土预制块路面容易渗水,一但路面积水,渗入垫层,在短时间内将很快引起沉陷、错台、导致预制块路面损坏。应加强养护,注意排水畅通。

10.2 水泥混凝土预制块路面日常养护

10.2.2~10.2.3 水泥混凝土预制块路面填料在行车的作用下容易散失,从而引起预制块松动、破碎。因此,水泥混凝土预制块路面日常养护的关键是及时添加嵌缝料,排除路面积水。

10.3 水泥混凝土预制块路面局部损坏维修

水泥混凝土预制块路面主要是由预制块之间的嵌锁作用,传递荷载,共同受力。一旦发现预制块路面出现局部损坏,要及时维修,否则将引起连锁反应,造成预制块路面在短期内大面积损坏,影响行车。预制块的维修范围要适当扩大到垫层损坏范围以外,以保证维修质量。

10.4 水泥混凝土预制块路面翻修

10.4.1 须对预制块路面损坏原因进行调查,以便制定翻修方案。

10.4.2 尽可能利用尚未损坏的预制块,以减少维修经费。

10.4.3 垫层的质量直接影响预制块路面的平整度,应挖除损坏的垫层,并用C15贫混凝土对垫层基础进行补强。砂垫层的施工质量是保证混凝土预制块路面平整度的关键,必须严格控制砂的含泥量、含水量及砂的粒径,控制砂垫层的松铺系数以及摊铺的均匀性。

10.4.4 预制块路面的嵌锁力依赖于块料的尺寸精度。预制块料由工厂(场)预制可达到精确的尺寸。需要更换的预制块应与原路面预制块标准一致,应到工厂(场)购买,若有条件也可自行预制生产。

混凝土预制块路面的边缘约束是保证砌块横向稳定的关键,因此,必须用混凝土基座固定,并应有足够的强度。

砌缝间砂的填充程度对预制块路面的嵌锁力影响较大,扫砂必须仔细,使块料的缝隙全部填满并振实。

附录A　水泥混凝土路面修补材料

A.1　裂缝修补材料

A.1.1　主要指直接进行裂缝封闭用的修补材料，据其功能可分为补强材料和密封材料。

A.1.2　补强材料最常用的是环氧树脂类材料。纯环氧树脂材料脆性大，耐疲劳性差。用于水泥混凝土路面裂缝修补的环氧树脂类材料应是经过改性的或经乳化反应过的环氧树脂类材料，这些材料的强度高，具有较好的抗冲击韧性和耐疲劳性能。乳化环氧树脂还有一大优点，即在潮湿状态下也可施工。裂缝修补材料性能测试方法因本行业内尚无可参照的标准，故在本规范中参照其它行业标准确定了统一的测试方法。其中拉伸强度及断裂伸长率测试方法参照《树脂浇铸体力学性能试验方法总则》(GB 2567)和《树脂浇铸体拉伸试验方法》(GB 2568)制订。粘结强度试验方法参照《皂液乳化沥青》(ZBQ 17001)制订。

A.1.3　密封材料，最适合于水泥混凝土路面裂缝修补的是聚氨酯类灌缝材料，该类材料具有柔性的分子链，耐振动性及抗疲劳性能都很好，尤其是与水泥混凝土的粘结力强。

A.2　接 缝 材 料

《公路水泥混凝土路面接缝材料》(JT/T 203)已经交通部批准作为行业推荐标准执行。水泥混凝土路面修补时应该按该标准选择接缝材料。为便于查阅使用，本规范将其有关条款内容编入，略有变动。

A.3 板块修补材料

A.3.1 根据国家科委引导性项目《我国水泥混凝土路面发展对策及修筑技术研究》成果,结合我国的具体情况制订。

板块修补材料的技术要求,主要为快硬高早强,收缩小,新旧混凝土粘性好,后期性能稳定,耐磨性及耐久性好,施工和易性好,修补面颜色与旧混凝土基本一致。

A.3.2 根据全国20多个省、市公路部门的板块修补信息资料得到,快速修补剂以JK-24型和JK-10型修补效果好,已为公路部门所接受,故本节所规定的性能技术指标均参照掺有JK-24型和JK-10型快速修补剂的混凝土技术性能制订。

不推荐矿渣水泥、粉煤灰水泥、火山灰水泥配制修补用混凝土,主要考虑上述几种水泥的表面泌水大,耐磨性差,早强低等缺陷。

用于修补混凝土的砂、石材料,应较干净,因含泥量的大小对水泥石与集料的包裹影响很大,所以应从严控制。

根据研究结果及多数工程应用实例,板块修补用早强混凝土的推荐配合比为:

水泥		JK-10(或JK-24)修补剂		水		砂		碎石
437		70		131		524		1149
1	:	0.16	:	0.30	:	1.20	:	2.63

实际施工中,由于所用的原材料不同,应作适当调整,并经过试配后确定。

A.3.3 聚合物乳液细粒式混凝土中的高分子聚合物乳液在未破乳前,基本不影响水泥的正常水化,一旦破乳,即会在混凝土中成膜,硬化后的混凝土致密度很高,阻碍水泥继续水化。因此应掺入部分早强剂,加快水泥的早期水化,以提高混凝土的强度。

细粒式混凝土的推荐配合比为:

水泥		砂		碎石		水		乳液
1	:	1.65	:	3.05	:	0.40～0.50	:	0.1～0.15

A.3.4 钢纤维水泥混凝土主要技术指标参照国家科委引导性项目《我国水泥混凝土路面发展对策及修筑技术研究》科研成果制订。

A.4 板下封堵灌浆材料

A.4.1 灌浆材料主要技术指标依据早期通车要求而确定。

A.4.2 水泥砂浆中掺加混凝土快速修补剂的目的是提高灌浆材料与混凝土板的粘结力。保证灌入的水泥砂浆不因收缩导致与混凝土板间脱离。英国规范规定灌浆用水泥砂浆的水灰比不大于0.50,根据研究及工程实际应用,水泥砂浆如掺入部分 JK－24 快速修补剂,水灰比宜控制在 0.40～0.50 间。

板下封堵用水泥砂浆推荐配合比为:

水泥		JK－10(或 JK－24)修补剂		砂		水		粉煤灰
1	:	0.16	:	3～4	:	0.40～0.50		
1	:	0.20	:	2～3	:	0.40～0.50	:	1～2

A.4.3 水泥净浆实际上是以粉煤灰代替水泥砂浆中的砂,其水灰比以 0.40～0.50 为宜,要求粉煤灰达到国家规定的 II 级灰标准。

附录B 水泥混凝土路面养护维修机具

B.1 养护机具

参照《公路养护技术规范》(JTJ 073),结合水泥混凝土路面修补特点制订。

随着科学技术的发展,一些功能更全、技术更先进的养护机具将会问世,各地在机具选择时,应选择更先进、适用的养护机具,以提高公路养护水平。

B.2 主要养护机具性能

B.2.1 灌浆机具立足于小型,施工方便,采用便携式冲击电锤扩缝,压缩空气清缝,烧杯或带有尖嘴的量器灌浆。

B.2.2 清缝机具、灌缝机具(有的称之为嵌缝机)目前国内生产厂家不多,技术性能指标参照已有的清缝、灌缝机技术参数,结合实际需要制订。

B.2.3 国内生产切缝机的厂家很多,质量也较高。本规范仅就切割机的技术要求及技术参数作了一些规定。

破碎机具,根据广泛调研,大约有三种,一种是液压式开凿机,一种是落锤,还有一种是风镐。就劳动强度而言,液压式开凿机劳动强度最低,风镐劳动强度最高;就破碎工作效率而言,液压式开凿机和落锤最高;就一次性投资而言,风镐成本最低;就破碎板对邻板的影响而言,液压式开凿机影响最小,落锤影响最大。

修补混凝土大多为半干硬性混凝土,应采用强制式搅拌机拌和。

B.2.4 压浆机由水泥喷射泵、胶体搅机和砂浆回流系统组成，喷射压力为 1.75MPa，具有 5.7 L/min 的低速连续泵送能力。

B.2.5 轧碎机的作用是将破碎的混凝土块进行二次破碎，将其轧碎成符合粗集料级配的碎块。

压路机主要用于稳固基层，振动压路机压实效果较好。